LES DISCOURS
DE L'HISTOIRE

Dans la même collection

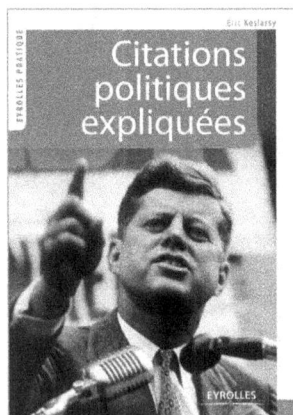

Nathalie Renault-Rodet

LES DISCOURS DE L'HISTOIRE

EYROLLES

Éditions Eyrolles
61, bd Saint-Germain
75240 Paris Cedex 05
www.editions-eyrolles.com

Mise en pages : Istria

© Groupe Eyrolles, 2015

ISBN : 978-2-212-55687-2

SOMMAIRE

Introduction 7

Partie 1 D'une guerre à l'autre (1914-1945)................... 9

Partie 2 Le monde depuis 1945 : guerre froide,
          décolonisation et nouveaux conflits 57

Partie 3 La France depuis 1945 143

Repères chronologiques 175

Index des noms de pays 180

Index des noms de personne 181

Bibliographie 183

Sources et crédits 185

INTRODUCTION

« Un rideau de fer », « I have a dream », « Vive le Québec libre ! ».
Voici des citations que chacun connaît sans savoir pour autant les
replacer dans un discours ou en comprendre la portée. Cet ouvrage
a pour objectif de présenter le xxᵉ siècle à partir des discours qui
l'ont marqué. La question de la démocratie traverse le siècle et
constitue donc le fil directeur de cet ouvrage. Les discours propo-
sés posent la question de son instauration, de sa défense ou de sa
remise en cause, de son expansion et de son exercice. Le discours
peut lancer une réforme ou une révolution, mobiliser ou apaiser
l'opinion publique, légitimer ou dénoncer un pouvoir en place.

À qui s'adresse ce livre ?

Ce livre s'adresse à tous ceux qui souhaitent réactiver leurs connais-
sances ou parfaire leur culture générale. La structure de l'ouvrage se
veut facile d'accès. Chaque double page présente un discours et son
commentaire. Les discours sont majoritairement tronqués mais un
extrait conséquent permet d'en lire la teneur essentielle.

Comment est-il construit ?

L'ouvrage est organisé en trois temps. La première partie est consacrée à la première moitié du siècle. La Grande Guerre et ses consé-
quences constituent une rupture majeure avec le xixᵉ siècle. Dans
l'entre-deux-guerres, la montée des fascismes met en danger la
démocratie alors que s'expriment les premières voix nationalistes
dans les colonies. Les tensions explosent dans le second conflit
mondial.

La deuxième partie présente la démocratie dans le monde à l'épreuve de la guerre froide et du nouvel ordre mondial qui lui fait suite. La démocratie est aussi au cœur de la question de l'émancipation des peuples colonisés. Un dernier discours de 2002 ouvre la porte sur le xxiᵉ siècle et ses enjeux.

La troisième partie concerne uniquement l'histoire politique et sociale de la France depuis 1945. La chronologie est en effet propre à l'Hexagone. Les années charnières correspondent souvent aux nouveaux mandats présidentiels. Ces discours politiques participent de notre mémoire collective. Ils ont servi et servent encore de référence aux hommes politiques du xxiᵉ siècle.

Certains discours sont très connus, d'autres sont à découvrir. Et si les locuteurs ne sont pas toujours les plus talentueux des orateurs, la lecture d'un de leurs discours permet de rencontrer une personnalité majeure ou emblématique du siècle. Un certain nombre ont reçu le prix Nobel de la paix ou ont pu connaître une fin tragique en raison de leurs engagements. Volontairement, les discours des hommes politiques funestes n'ont pas été écartés. Par leurs discours, ces dictateurs ont galvanisé et envoûté les foules. Connaître leurs idées permet de les combattre, de protéger la démocratie et d'assurer la paix que tant de discours appellent de leurs vœux.

On regrette de ne pouvoir entendre la voix de ces hommes et de ces quelques femmes, la réaction de l'auditoire, puisque le discours est une interaction. La lecture de ce livre peut se prolonger par celle des textes complets. Ces discours peuvent également être écoutés ou visionnés.

La bibliographie proposée en fin d'ouvrage a servi d'appui scientifique pour la rédaction des commentaires. Elle reste accessible pour ceux qui voudraient approfondir l'étude d'un espace géographique ou d'une période. En fin d'ouvrage également, un index permet de retrouver les discours par espace géographique, par auteur ou par année.

PARTIE 1

D'UNE GUERRE À L'AUTRE (1914-1945)

JEAN JAURÈS

« Je veux espérer encore que le crime ne sera pas consommé »

Lyon-Vaise, 25 juillet 1914

Citoyens,

Je veux vous dire ce soir que jamais nous n'avons été, que jamais depuis quarante ans l'Europe n'a été dans une situation plus menaçante et plus tragique que celle où nous sommes. [...] La politique coloniale de la France, la politique sournoise de la Russie et la volonté brutale de l'Autriche ont contribué à créer l'état de choses horrible où nous sommes. L'Europe se débat comme dans un cauchemar. [...]

J'espère encore malgré tout qu'en raison même de l'énormité du désastre dont nous sommes menacés, à la dernière minute, les gouvernements se ressaisiront et que nous n'aurons pas à frémir d'horreur à la pensée du cataclysme qu'entraînerait aujourd'hui pour les hommes une guerre européenne. [...]

Songez à ce que serait le désastre pour l'Europe : ce ne serait plus, comme dans les Balkans, une armée de trois cent mille hommes, mais quatre, cinq et six armées de deux millions d'hommes. Quel massacre, quelles ruines, quelle barbarie ! Et voilà pourquoi, quand la nuée de l'orage est déjà sur nous, voilà pourquoi je veux espérer encore que le crime ne sera pas consommé. [...]

Quoi qu'il en soit, citoyens, et je dis ces choses avec une sorte de désespoir, il n'y a plus, au moment où nous sommes menacés de meurtre et, de sauvagerie, qu'une chance pour le maintien de la paix et le salut de la civilisation, c'est que le prolétariat rassemble toutes ses forces qui comptent un grand nombre de frères, Français, Anglais, Allemands, Italiens, Russes et que nous demandions à ces milliers d'hommes de s'unir pour que le battement unanime de leurs cœurs écarte l'horrible cauchemar. [...]

Normalien agrégé de philosophie, Jean Jaurès devient député du Tarn en 1885, à l'âge de vingt-cinq ans. D'abord républicain modéré, il évolue vers le socialisme en soutenant la grève des mineurs de Carmaux. Il inscrit ce mouvement ouvrier dans la continuité de la Révolution française et de l'idéal républicain. Afin d'unifier les différentes tendances du socialisme, il fonde le quotidien *L'Humanité* en 1904 et la SFIO l'année suivante.

Dès la Belle Époque, il s'oppose aux nationalistes. Il refuse la loi portant le service militaire à trois ans et préconise une « armée nouvelle » défensive et démocratique. Lorsque l'Europe s'embrase à l'été 1914, Jaurès, ardent pacifiste, multiplie les appels à la conciliation et au règlement diplomatique.

Dans le cadre d'une élection législative partielle, le tribun prononce le 25 juillet l'un de ses derniers discours dans le quartier ouvrier de Vaise, à Lyon. Venu pour soutenir son camarade de parti Marius Moutet, Jaurès n'en parle presque pas. Il analyse les relations internationales en Europe au cours des dernières décennies, rappelle les récentes guerres balkaniques (1912-1913) et présente l'engrenage du système des alliances. Face au danger, il prône la grève générale, internationale et simultanée. Mais en cas d'échec, il appelle chaque Français à faire son devoir. Six jours plus tard, le 31 juillet, Jaurès est assassiné par un étudiant nationaliste, Raoul Villain. Le jour de ses funérailles, le 4 août, la gauche se rallie à l'Union sacrée contre l'Allemagne : le patriotisme l'a emporté.

RAYMOND POINCARÉ
Appel à l'Union sacrée

Paris, 4 août 1914

Messieurs les députés,

*La France vient d'être l'objet d'une agression brutale et prémé-
ditée, qui est un insolent défi au droit des gens. [...] L'Allemagne a
déclaré subitement la guerre à la Russie, elle a envahi le territoire
du Luxembourg, elle a outrageusement insulté la noble nation belge,
notre voisine et notre amie. [...] Notre belle et courageuse armée,
que la France accompagne aujourd'hui de sa pensée maternelle, s'est
levée toute frémissante pour défendre l'honneur du drapeau et le sol
de la patrie.*

*Le Président de la République, interprète de l'unanimité du pays,
exprime à nos troupes de terre et de mer l'admiration et la confiance
de tous les Français. Étroitement unie en un même sentiment, la
nation persévérera dans le sang-froid dont elle a donné, depuis l'ouverture de la crise, la preuve quotidienne. [...] Dans la guerre qui
s'engage, la France aura pour elle le droit, dont les peuples, non plus
que les individus, ne sauraient impunément méconnaître l'éternelle puissance morale. Elle sera héroïquement défendue par tous ses
fils, dont rien ne brisera devant l'ennemi l'union sacrée et qui sont
aujourd'hui fraternellement assemblés dans une même indignation
contre l'agresseur et dans une même foi patriotique. Elle est fidè-
lement secondée par la Russie, son alliée ; elle est soutenue par la
loyale amitié de l'Angleterre. Et déjà de tous les points du monde
civilisé viennent à elle les sympathies et les vœux. Car elle représente
aujourd'hui, une fois de plus, devant l'univers, la liberté, la justice
et la raison. Haut les cœurs et vive la France !*

Raymond Poincaré est né à Bar-le-Duc, en Lorraine, le 20 août 1860. Après des études de droit, il entame une carrière politique. Lors des grandes crises qui agitent la France comme l'affaire Dreyfus ou encore la loi de séparation de l'Église et de l'État, il se tient toujours en retrait des querelles. Il est apprécié par la gauche en raison de son attachement aux institutions et à la laïcité. Il gagne les faveurs de la droite par son patriotisme et son opposition au projet d'impôt sur le revenu. Il est alors élu Président de la République en 1913.

L'Allemagne déclare la guerre à la Russie le 1er août 1914 et à la France deux jours plus tard. Les troupes sont mobilisées et le 4 août, le Président appelle à « l'Union sacrée » de tous les Français. Mais c'est René Viviani, le Président du Conseil, qui lit ce message. Le président n'était pas autorisé par la Constitution à se présenter devant les parlementaires.

L'entrée en guerre suscite un sentiment patriotique qui permet le vote unanime des crédits de guerre. Poincaré incarne l'unité nationale et appelle à la trève des querelles d'avant-guerre. Cette réconciliation nationale se manifeste par l'entrée de socialistes et d'hommes de la droite républicaine dans le gouvernement. Même l'Église catholique, pourtant en conflit avec la République anticléricale, soutient la cause de la défense nationale.

L'Union sacrée avait été conçue comme une trève pour une guerre qui serait courte et victorieuse. Elle tient finalement au gouvernement jusqu'en 1917.

SOVIET DE PETROGRAD

« Prolétaires de tous les pays, unissez-vous ! »

Petrograd, 14 mars 1917

Camarades prolétaires, travailleurs de tous les pays !

[…] La démocratie russe a renversé le despotisme des tsars. […] Le peuple russe possède maintenant une liberté politique totale. Il peut affirmer sa toute-puissance aussi bien dans les affaires intérieures que dans les affaires extérieures. […]

Consciente de sa puissance révolutionnaire, la démocratie russe annonce qu'elle s'opposera à la puissance de conquête de ses classes dirigeantes par tous les moyens et elle invite les peuples d'Europe à une action commune et décisive en faveur de la paix.

Nous faisons également appel à nos frères, les prolétaires de la coalition austro-allemande et, par-dessus tout, au prolétariat allemand. […] Nous défendrons fermement notre liberté contre toutes les tentatives de la réaction, à l'intérieur comme à l'extérieur. La révolution russe ne reculera pas devant les baïonnettes des conquérants et ne se laissera pas écraser par les armées étrangères.

Mais nous faisons appel à vous : débarrassez-vous du joug de votre gouvernement semi-autocratique, comme le peuple russe a balayé l'autocratie tsariste ; […] alors, unissant nos efforts, nous arrêterons l'horrible boucherie qui est la honte de l'humanité et assombrit les grandes heures de la naissance de la Liberté russe.

Travailleurs de tous les pays : […] nous faisons appel à vous pour restaurer l'unité internationale. Telle est la garantie de nos victoires futures et de la libération complète de l'Humanité.

Prolétaires de tous les pays, unissez-vous !

En 1917, la Russie tsariste, déjà secouée par des troubles en 1905, est profondément désorganisée par trois années de guerre. Le tsar, sa famille et ses ministres sont de plus en plus impopulaires. La révolution de février est provoquée par la lassitude de la population après des revers militaires et par la détérioration des conditions de vie qui entraînent des grèves ouvrières à Petrograd. Le 27 février, l'armée se mutine et refuse de tirer sur les manifestants. Isolé, Nicolas II abdique le 2 mars.

Le gouvernement provisoire libéral est formé des députés de la Douma et dirigé par le prince Lvov. Il veut établir une démocratie parlementaire et continuer la guerre afin d'obtenir une victoire avec les Alliés et consolider le nouveau régime. Il entre en conflit avec le *soviet* de Petrograd. Le « conseil populaire » des ouvriers et des soldats milite pour la paix immédiate sans annexions ni indemnités. Dans cet appel, il s'adresse plus particulièrement aux prolétariats allemands et austro-hongrois, en lutte contre la Russie tsariste depuis 1914. Les puissances centrales sont partagées face à cet appel. Un retrait de la Russie permettrait de ramener toutes les forces sur un seul front, mais on redoute dans le même temps le développement de mutineries dans les rangs.

Du côté occidental, c'est l'inquiétude qui domine et cet appel est censuré. En Russie, les tensions sociales s'aggravent, le désordre s'étend. Les *bolcheviks* encouragent tous les mouvements de contestation, conformément au programme révolutionnaire exposé par Lénine, dans ses « Thèses d'Avril ».

LÉNINE
Les Thèses d'avril

Petrograd, 4 avril 1917

1) *Aucune concession, si minime soit-elle, au « jusqu'auboutisme révolutionnaire » ne saurait être tolérée dans notre attitude envers la guerre qui, du côté de la Russie, est demeurée incontestablement une guerre impérialiste. [...] Organisation de la propagande la plus large de cette façon de voir dans l'armée combattante. Fraternisation. [...]*

2) *Transition de la première étape de la révolution, qui a donné le pouvoir à la bourgeoisie [...], à la deuxième étape, qui doit remettre le pouvoir entre les mains du prolétariat et des couches pauvres de la paysannerie [...].*

3) *Aucun soutien au Gouvernement provisoire. [...]*

4) *Reconnaître que notre Parti est en minorité, et pour le moment en faible minorité, dans la plupart des Soviets de députés ouvriers en face du bloc de tous les éléments opportunistes petit-bourgeois. [...]*

5) *Non pas une République parlementaire [...] mais la République des Soviets des députés ouvriers, salariés agricoles et paysans. [...]*

6) *Nationalisation de toutes les terres dans le pays : les terres sont mises à la disposition des soviets locaux. [...]*

7) *Fusion immédiate de toutes les banques du pays en une seule banque nationale placée sous le contrôle du Soviet de députés ouvriers.*

8) *Non pas l'instauration du socialisme comme notre tâche immédiate, mais simplement le passage immédiat au contrôle de la production sociale et de la répartition des produits par le Soviet des députés ouvriers.*

9) *[...] Changer la dénomination du Parti : au lieu de l'appeler social-démocrate, il faut l'appeler communiste.*

10) *Rénover l'Internationale.*

Vladimir Ilitch Oulianov (1870-1924) adhère au marxisme pendant ses études de droit. En 1895, il est arrêté pour agitation politique et déporté quatorze mois plus tard en Sibérie pour trois ans. Il vit ensuite en exil et impose ses idées au sein du Parti social-démocrate russe, où ses partisans deviennent majoritaires (« *bolcheviks* »). Il rentre en Russie début avril 1917 et déclenche la lutte contre le gouvernement provisoire, issu de la révolution de février. Le 4 avril, il expose son programme « Les Thèses d'avril » au siège du Soviet de Petrograd. Ces propositions troublent les bolcheviks par leur radicalisme mais elles rencontrent un écho de plus en plus favorable auprès du peuple dans le climat de mécontentement et d'anarchie qui se développe durant l'été. Les soldats désertent par centaines de milliers, les paysans s'emparent des grandes propriétés, les grèves ouvrières se multiplient. Menacé, Lénine se réfugie en Finlande et ne revient qu'en octobre

Dans la nuit du 24 au 25 octobre 1917, à Petrograd, les bolcheviks prennent le pouvoir par un coup de force dirigé par Trotski. Le nouveau gouvernement dirigé par Lénine annonce les décrets sur la terre, la paix et les nationalités. Mais il doit faire face à une contre-révolution soutenue par les puissances étrangères. Les bolcheviks sortent victorieux de la guerre civile (1918-1921) grâce à l'Armée rouge créée par Trotski mais c'est au prix d'une redoutable dictature, le « communisme de guerre ».

GEORGES CLEMENCEAU

« La guerre, rien que la guerre »

Paris, Palais-Bourbon, 20 novembre 1917

Nous nous présentons devant vous dans l'unique pensée d'une guerre intégrale. [...]

Ces Français que nous fûmes contraints de jeter dans la bataille, ils ont des droits sur nous. [...] Droits du front et devoirs de l'arrière, qu'aujourd'hui tout soit donc confondu. Que toute zone soit de l'armée. [...] Ces silencieux soldats de l'usine, sourds aux suggestions mauvaises, ces vieux paysans courbés sur leurs terres, ces robustes femmes au labour, ces enfants qui leur apportent l'aide d'une faiblesse grave : voilà de nos poilus. De nos poilus qui, plus tard, songeant à la grande œuvre, pourront dire, comme ceux des tranchées : J'en étais. [...]

Il y a eu des fautes. N'y songeons plus que pour les réparer. Hélas, il y a eu aussi des crimes, des crimes contre la France, qui appellent un prompt châtiment. Nous prenons devant vous, devant le pays qui demande justice, l'engagement que justice sera faite selon la rigueur des lois. [...] Nous serons sans faiblesse, comme sans violence. Tous les inculpés en conseil de guerre. [...] Plus de campagnes pacifistes, plus de menées allemandes. Ni trahison, ni demi-trahison : la guerre. Rien que la guerre. Nos armées ne seront pas prises entre deux feux, la justice passe. Le pays connaîtra qu'il est défendu. [...]

Nous allons entrer dans la voie des restrictions alimentaires. [...] Nous demanderons à chaque citoyen de prendre toute sa part de la défense commune, de donner plus et de consentir à recevoir moins. L'abnégation est aux armées. Que l'abnégation soit dans tout le pays. [...]

1917 marque un tournant dans la Première Guerre mondiale. La Russie en révolution se retire du conflit. En France, les mutineries au front et les grèves à l'arrière trahissent l'affaiblissement du moral. L'Union sacrée est d'ailleurs rompue par le retour des socialistes dans l'opposition. Le Président de la République, Poincaré, appelle alors Georges Clemenceau à la Présidence du Conseil pour engager la France dans un ultime effort en attendant les renforts américains. Cet homme de soixante-seize ans a été de tous les combats politiques depuis la fin du Second Empire. Le 20 novembre, « le tigre » présente à la Chambre son programme de gouvernement. Il affirme sa volonté inébranlable de conduire le pays à la victoire. Dans cette guerre totale, tous, au front comme à l'arrière, sont des poilus. Ce discours de mobilisation patriotique lui offre un très large vote de confiance des députés.

Président du Conseil, Clemenceau est aussi ministre de la Guerre et il s'en prend aux partisans d'une paix de compromis comme Joseph Caillaux, aux mutins et aux socialistes. Il met en place un régime autoritaire avec le maintien de la censure et la réduction du rôle du Parlement. Il annonce la rigueur et sollicite la population par les emprunts de guerre.

Les poilus témoignent d'une grande affection pour ce vieillard qui n'hésite pas à ramper jusqu'à eux dans les tranchées. Surnommé Père la Victoire au lendemain de l'armistice, il reste Président du Conseil jusqu'en 1920. Battu cette année-là aux élections présidentielles, il se retire de la vie politique jusqu'à sa mort en 1929.

THOMAS WOODROW WILSON

Les « quatorze points »

Washington, Congrès des États-Unis, 8 janvier 1918

1. *Des conventions de paix préparées et conclues publiquement [...].*

2. *Liberté absolue de navigation sur les mers [...].*

3. *Suppression dans la mesure du possible de toutes les barrières économiques et établissement de conditions commerciales égales entre toutes les nations [...].*

4. *[...] Les armements de chaque pays seront réduits au minimum [...].*

5. *Arrangement librement débattu de toutes les revendications coloniales [...].*

6. *Évacuation de tous les territoires russes et règlement de toutes questions concernant la Russie [...].*

7. *La Belgique, devra être évacuée et restaurée [...].*

8. *Le territoire français tout entier devra être libéré et les régions envahies devront lui être remises. Le tort causé à la France par la Prusse en 1871 en ce qui concerne l'Alsace-Lorraine [...] devra être réparé [...].*

9. *Le rétablissement de la frontière italienne devra être effectué conformément au [...] principe des nationalités.*

10. *On devra accorder aux peuples de l'Autriche-Hongrie [...] la possibilité d'un développement autonome.*

11. *La Roumanie, la Serbie et le Monténégro devront être libérés [...].*

12. *Aux nations qui se trouvent [...] sous la domination turque, on devra garantir la possibilité de se développer d'une façon autonome [...].*

13. *Un État polonais indépendant devra être établi [...], on devra assurer le libre accès à la mer [...].*

14. *Il faudra constituer une association générale des nations en vertu de conventions formelles visant à offrir des garanties mutuelles d'indépendance politique et d'intégralité territoriale aux grands comme aux petits États.*

Le démocrate Wilson (1856-1924) gouverne les États-Unis de 1913 à 1921. En avril 1917, après trois ans de neutralité, il engage son pays dans la Première Guerre mondiale. Il organise l'effort de guerre et fournit aux Alliés une aide matérielle, morale et militaire. Pour garantir la paix future dans le monde, il présente au Congrès américain, en janvier 1918, un programme idéaliste en quatorze points. Six points sont de portée générale. Wilson défend la liberté de navigation et des échanges, le droit des peuples à disposer d'eux-mêmes et propose l'organisation d'une nouvelle sécurité collective. Les huit autres points concernent le règlement des conflits territoriaux européens.

Aux côtés de la France, du Royaume-Uni et de l'Italie, Wilson négocie le traité de Versailles qui est imposé à l'Allemagne en juin 1919. Ce traité s'inspire des Quatorze points, notamment pour la création de la Société des nations (SDN), lieu de débat et de négociation entre les États. De retour aux États-Unis, miné par une paralysie, Wilson se heurte à un puissant courant isolationniste. Le Congrès des États-Unis refuse de ratifier le traité de Versailles ainsi que d'entrer dans la SDN, ce qui l'affaiblit considérablement. Néanmoins Wilson reçoit en 1920 le prix Nobel de la paix pour ses efforts de réconciliation des pays européens.

La SDN, qui devait instaurer un nouvel ordre international, ne parvient ni à empêcher la politique expansionniste des dictatures de l'entre-deux-guerres ni la Seconde Guerre mondiale. Elle est remplacée en 1945 par l'ONU.

MAHATMA GANDHI

« Le mal ne se maintient que par la violence »

23 mars 1922

Je n'ai aucun grief personnel contre un seul administrateur, j'ai donc encore moins de désaffection envers la personne du Roi. Mais je considère que c'est une vertu d'avoir de la désaffection pour un Gouvernement qui a fait plus de mal à l'Inde dans l'ensemble que n'importe quel autre système antérieur. L'Inde n'a jamais été aussi peu virile que depuis qu'elle est gouvernée par l'Angleterre. Avec de tels sentiments [...], je considère comme un privilège précieux d'avoir pu écrire ce que j'ai écrit dans les divers articles qui me sont reprochés.

Je suis d'ailleurs convaincu d'avoir rendu service à l'Inde et à l'Angleterre, en leur montrant comment la non-coopération pouvait les faire sortir de l'existence contre nature menée par toutes deux. À mon humble avis, la non-coopération avec le mal est un devoir tout autant que la coopération avec le bien.

Seulement, autrefois, la non-coopération consistait délibérément à user de violence envers celui qui faisait le mal. J'ai voulu montrer à mes compatriotes que la non-coopération violente ne faisait qu'augmenter le mal et, le mal ne se maintenant que par la violence, qu'il fallait, si nous ne voulions pas encourager le mal, nous abstenir de toute violence. La non-violence demande qu'on se soumette volontairement à la peine encourue pour ne pas avoir coopéré avec le mal. Je suis donc ici prêt à me soumettre d'un cœur joyeux au châtiment le plus sévère qui puisse m'être infligé pour ce qui est selon la loi un crime délibéré et qui me paraît à moi le premier devoir du citoyen.

© Groupe Eyrolles

22 | Les discours de l'histoire

Né au Gujarat en 1869 dans une famille de caste marchande, Gandhi étudie le droit en Angleterre, commence sa carrière d'avocat en Afrique du Sud et rentre en Inde en 1915. Au lendemain du premier conflit mondial, son pays, qui a pourtant participé à l'effort de guerre britannique, n'est que peu émancipé. Gandhi devient alors un opposant irréductible au colonialisme. Il prend la tête du parti du Congrès national indien et instaure le *swaraj*. Cette non-coopération non violente prône le *boycott* des produits anglais, incite aux actes de désobéissance civile et aux grèves. Le but est de paralyser le fonctionnement du pays. Le 10 mars 1922, il est arrêté en raison de trois articles parus dans son journal *Young India*.

Ce discours est la fin du plaidoyer de Gandhi lors de son procès. Il a retracé son parcours depuis 1893 et donné les raisons de son opposition politique. Il ne regrette pas son action et présente sa doctrine de non-coopération. Le juge Broomfield le condamne à six ans de réclusion pour avoir transgressé la loi. Le combat de Gandhi pour l'indépendance continue. Il conduit la Marche du sel en 1930 et ne soutient pas l'effort de guerre britannique pendant le second conflit mondial. L'indépendance de l'Inde est accordée le 15 août 1947 mais la partition du pays en deux États, l'Union indienne et le Pakistan, s'oppose à son objectif de réconciliation entre hindous et musulmans. Face au déchaînement de violence entre les deux communautés, le *Mahatma* (« grande âme ») se réfugie dans l'ascèse. Il est alors assassiné par un extrémiste hindou le 30 janvier 1948.

BENITO MUSSOLINI

Discours à la Chambre des députés

Rome, Chambre des députés, 3 janvier 1925

Messieurs,

[…] Je vous déclare ici en présence de cette assemblée et devant tout le peuple italien, que j'assume à moi tout seul la responsabilité politique, morale et historique de tout ce qui est arrivé. […] Si le fascisme n'a été qu'une affaire d'huile de ricin et de matraques, et non pas, au contraire, la superbe passion de l'élite de la jeunesse italienne, c'est à moi qu'en revient la faute !

Si le fascisme a été une association de délinquants, si toutes les violences ont été le résultat d'une certaine atmosphère historique, politique et morale, à moi la responsabilité de tout cela, parce que cette atmosphère historique, politique et morale, je l'ai créée par une propagande qui va de l'intervention dans la guerre jusqu'à aujourd'hui.

Un peuple ne respecte pas un gouvernement qui se laisse vilipender. Le peuple veut que sa dignité soit reflétée dans la dignité du gouvernement. […] Maintenant j'ose dire que le problème sera résolu. Le fascisme, à la fois gouvernement et parti, est en pleine puissance. […]

L'Italie, Messieurs, veut la paix, la tranquillité, le calme laborieux ; nous lui donnerons tout cela, de gré si cela est possible, et de force si c'est nécessaire. Soyez certains que, dans les quarante-huit heures qui suivront mon discours, la situation sera éclaircie, comme l'on dit, dans toute son ampleur. Et que tout le monde sache que ce n'est pas là le caprice d'un homme, que ce n'est pas un excès de pouvoir de la part du gouvernement, que ce n'est pas non plus une ignoble passion, mais qu'il s'agit seulement d'un amour puissant et sans bornes pour la patrie.

Benito Mussolini naît en 1883 dans une modeste famille de Romagne. Il devient instituteur et milite au Parti socialiste. La Grande Guerre marque un tournant : il rompt avec le Parti, soutient l'interventionnisme et participe aux combats. En 1919, il crée les Faisceaux de combat. Ses miliciens vêtus de chemises noires, les *squadristi*, sèment la terreur pour enrayer l'agitation sociale. En 1921, les *Fasci* deviennent le Parti national fasciste. Peu représenté électoralement, Mussolini parvient au pouvoir par un coup de force. La Marche sur Rome, le 28 octobre 1922, conduit le roi Victor-Emmanuel III à le nommer Président du Conseil.

La fascisation du pays se poursuit. L'opposant socialiste Giacomo Matteotti accuse les fascistes de violences et de truquages électoraux dans un discours à la Chambre, le 30 mai 1924. Il réitère le 4 juin puis est enlevé et assassiné. Le 3 janvier 1925, devant cette même assemblée, Mussolini revendique la responsabilité morale de ce meurtre et annonce la dictature. Les lois fascistissimes sont établies entre 1925 et 1926. Elles instaurent un régime totalitaire : rejet de la démocratie et du pluralisme politique, fin des libertés individuelles, volonté de façonner un homme nouveau, emploi de la terreur, embrigadement des masses et culte du chef qui dispose de la totalité du pouvoir exécutif.

Le *Duce* conduit l'Italie à la guerre. Destitué par le roi quand les Alliés envahissent l'Italie en 1943, il fonde la République de Salo et est exécuté par des résistants le 28 avril 1945.

ARISTIDE BRIAND

« Arrière les fusils, les mitrailleuses, les canons ! »

Genève, 10 septembre 1926

Ah ! Messieurs les détracteurs de la Société des nations [...], est-ce que ce qui se passe aujourd'hui aurait été possible s'il n'y avait pas une Société des nations ? Est-ce que ce n'est pas un spectacle émouvant que, quelques années après la plus effroyable guerre qui ait jamais bouleversé le monde, alors que les champs de bataille sont encore humides de sang, les mêmes peuples qui se sont heurtés si rudement se rencontrent dans cette assemblée pacifique et échangent leur volonté commune de collaborer à l'œuvre de la paix universelle.

Quelle est la signification de ce jour pour l'Allemagne et pour la France ? Cela veut dire : c'est fini la série de rencontres douloureuses et sanglantes dont toutes les pages de l'Histoire sont tachées par le passé ; c'est fini la guerre entre nous ; c'est fini, les longs voiles de deuil sur des souffrances qui ne s'apaiseront jamais. Plus de guerres, plus de solutions brutales et sanglantes pour nos différends, qui, certes, n'ont pas disparu. Mais désormais, c'est le juge qui dira le droit. Comme les individus qui s'en vont régler leurs difficultés devant le magistrat, nous aussi, nous réglerons les nôtres par des procédures pacifiques. Arrière les fusils, les mitrailleuses, les canons ! Place à la conciliation, à l'arbitrage, à la paix ! Un pays ne se grandit pas seulement par le succès militaire ; il se grandit bien davantage si, traversant d'énormes difficultés, il préfère patienter et demander au droit la consécration de la justice.

L'épineuse question des réparations domine les relations franco-allemandes de l'entre-deux-guerres. Les tensions entre ces deux voisins s'apaisent avec l'action d'Aristide Briand, ministre des Affaires étrangères de 1925 à 1932. Le député socialiste cherche à développer un système de sécurité collective où l'Allemagne, sortie de son isolement, ne serait plus une menace. Par le traité de Locarno en 1925, l'Allemagne reconnaît ses frontières occidentales. Le 10 septembre 1926, elle est admise à la Société des nations (SDN) et obtient un siège permanent au Conseil. Gustav Stresemann, ministre allemand des Affaires étrangères, s'adresse en premier à cette assemblée créée six ans plus tôt. À sa suite, Briand rappelle le caractère historique de ce jour, son espoir d'une paix durable en Europe et son engagement pour le désarmement. Les deux hommes sont couronnés par le prix Nobel de la paix la même année. C'est l'apogée de « l'esprit de Genève » avec, deux ans plus tard, la signature du pacte Briand-Kellogg qui décrète la guerre « hors la loi ». Cet accord est signé par une soixantaine de nations, mais l'absence de sanction en cas d'infraction illustre son caractère illusoire et éphémère. De même, la SDN, encensée dans ce discours, fut rejetée dès le départ par les États-Unis isolationnistes et la Russie bolchevique. Elle s'avère impuissante à lutter contre la montée des totalitarismes en Europe et à empêcher leurs premiers coups de force. Briand n'assiste pas à cette montée des tensions. Il décède en 1932 après une carrière politique de plus de trente ans.

ATATÜRK

Discours à la jeunesse

Ankara, 20 octobre 1927

Jeunesse turque ! Ton premier devoir est de protéger et de sauvegarder éternellement l'indépendance nationale et la République turque. C'est là le seul fondement de ton existence et de ton avenir. Ce fondement est ton trésor le plus précieux. Il y aura, aussi dans l'avenir, des personnes mal intentionnées, à l'intérieur du pays comme à l'étranger, qui voudront te priver de ce trésor. Si un jour, tu es obligée de défendre l'indépendance et la République, tu ne penseras pas aux conditions et aux circonstances où tu te trouves pour accomplir ta mission ! [...] Les ennemis qui attenteront à ton indépendance et à ta République peuvent devenir les auteurs d'une victoire sans précédent dans le monde. Toutes les citadelles, tous les arsenaux de la chère patrie peuvent être occupés par force ou par ruse, toutes ses armées défaites et tous les coins du pays effectivement occupés. Le plus douloureux et le plus grave, c'est qu'à l'intérieur même du pays ceux qui détiennent le pouvoir puissent tomber dans l'erreur, être des ignorants ou des traîtres, et même, qu'ils confondent leurs intérêts personnels aux ambitions politiques des envahisseurs. Il pourrait advenir que la nation se trouve réduite au dénuement le plus complet, à l'indigence la plus extrême ; qu'elle se trouve dans un état de ruine et d'épuisement complets. Même dans ces conditions et circonstances, ô enfant turc des siècles futurs, ton devoir est de sauvegarder l'indépendance et la République turques ! La force dont tu auras besoin réside dans le noble sang qui coule dans tes veines !

Né en 1881 dans une famille modeste, Mustafa Kemal devient un brillant officier de l'Empire ottoman. Pendant et après la Grande Guerre, il mène la résistance nationale contre l'intervention des puissances occidentales. Le « Gazi » prend le pouvoir en 1923 et le conserve jusqu'à sa mort en 1938.

Du 15 au 20 octobre 1927, le président turc relate la période allant de 1919 à 1927 aux députés de l'Assemblée nationale. Bilan et testament politique, la version écrite de ce discours fleuve, le *Nutuk*, comprend des sources écrites et orales précisant son action. Cette période voit l'abolition du califat, la proclamation de la République et la mise en place de mesures autoritaires pour organiser la transition de l'Empire ottoman à la Turquie moderne et laïque. Le changement de capitale d'Istanbul à Ankara en est un symbole. Politique nationaliste, le kémalisme est sans concession envers les minorités. L'extrait présenté est un appel à la jeunesse. Kemal l'exhorte à défendre la République et l'indépendance par tous les moyens et en toutes circonstances.

Dans les années qui suivent ce discours, Kemal poursuit la mise en place des réformes politiques qui visent à moderniser, voire occidentaliser, la Turquie. L'islam n'est plus religion d'État et les vêtements religieux sont interdits hors des lieux de culte. Le pays adopte les caractères latins et le système métrique. Le droit de vote et d'éligibilité est accordé aux femmes. Obligation est faite de porter un patronyme. Kemal assume celui d'Atatürk, « père des Turcs ».

STALINE
Bilan du premier plan quinquennal

Comité central du Parti communiste
de l'Union soviétique (PCUS), 7 janvier 1933

[...] La tâche essentielle du plan quinquennal était de transformer l'URSS, de pays agraire et débile, qui dépendait des caprices des pays capitalistes, en un pays industriel et puissant, parfaitement libre de ses actions. [...] Nous n'avions pas de sidérurgie, base de l'industrialisation du pays. Nous l'avons maintenant. [...] Pour la production de l'énergie électrique nous occupions la toute dernière place. Nous sommes maintenant arrivés à l'une des premières places. [...]

La paysannerie laborieuse a été libérée de l'asservissement aux koulaks et de leur exploitation. [...] L'URSS, de pays de petits paysans, est transformée d'ores et déjà en pays de la plus grande agriculture du monde. [...] Nous comptons des milliers de kolkhozes et des dizaines de sovkhozes qui sont, dès à présent, d'un rapport excellent. Ils sont l'orgueil de notre Parti, l'orgueil du pouvoir des Soviets. [...] On a supprimé le chômage et fait disparaître l'incertitude du lendemain chez les ouvriers. [...] C'est là une conquête immense, camarades, dont aucun État bourgeois ne peut rêver, fût-il un État tout ce qu'il y a de plus « démocratique ». [...]

Une dictature du prolétariat, forte et puissante, voilà ce qu'il nous faut maintenant pour réduire en poussière les derniers débris des classes expirantes et briser leurs machinations de filous. [...] Il est parfaitement possible de construire dans un seul pays une société socialiste, puisque la base économique d'une telle société est déjà construite en URSS. [...] Le Parti est invincible s'il sait dans quelle direction agir et s'il ne craint pas les difficultés.

Secrétaire général du Parti communiste dès 1922, Staline élimine peu à peu ses adversaires après la mort de Lénine en 1924. Sa priorité est la réalisation du socialisme dans la « patrie des prolétaires ». En 1929, il abandonne la Nouvelle politique économique (NEP) pour la collectivisation de l'agriculture afin d'assurer le financement de l'industrialisation. Le premier plan quinquennal, organisé par le Gosplan, fixe des objectifs très ambitieux. Quatre ans plus tard, en janvier 1933, Staline en dresse le bilan auprès des représentants du PCUS. Il débute par l'exceptionnel développement industriel du pays où le stakhanovisme a été érigé en modèle. Mais une telle réussite a entraîné une dégradation générale du niveau de vie des populations. Staline vante ensuite les mutations agricoles. La moitié des exploitations paysannes ont été collectivisées dans le cadre de sovkhozes, fermes d'État avec salariés, et surtout de kolkhozes, les coopératives de production où le travail est collectif et les revenus communs. Il occulte l'effondrement des rendements et la grande famine de 1932-1933 qui a fait six à huit millions de victimes. La liquidation de deux millions de koulaks est présentée comme un épisode de la lutte des classes contre les riches paysans. Toute difficulté rencontrée est imputée à des complots contre-révolutionnaires.

Dans ce discours, « l'homme d'acier » présente un régime fort où la mobilisation au service de l'idéologie marxiste-léniniste est totale. Il l'érige en modèle dans le contexte de la crise économique, sociale et politique mondiale des années 1930.

FRANKLIN DELANO ROOSEVELT
« Le *New Deal* »

Washington, Congrès des États-Unis, 4 mars 1933

[…] La seule chose que nous devons craindre est la crainte elle-même [...]. Nous devons faire face à nos difficultés communes. Elles ne concernent, Dieu merci, que les choses matérielles. Les valeurs ont chuté dans des proportions incroyables ; les taxes ont augmenté ; notre capacité à payer s'est effondrée ; partout les gouvernements font face à de sérieuses réductions de revenus ; les moyens d'échanges sont bloqués par le gel des courants commerciaux ; les feuilles mortes des entreprises industrielles jonchent partout le sol ; les fermiers ne trouvent plus de marchés pour leurs produits, et pour des milliers de familles l'épargne de plusieurs années s'est évaporée. Plus important, une foule de citoyens sans emploi se trouve confrontée au sinistre problème de sa survie, et à peu près autant triment pour un salaire misérable.

[…] L'abondance est sur le pas de la porte. [...] Notre première tâche, la plus importante, est de remettre les gens au travail. [...] Cela peut être accompli en partie par un recrutement direct du gouvernement [...] en accomplissant dans le même temps [...] les grands projets dont nous avons besoin pour stimuler et réorganiser l'utilisation de nos immenses ressources naturelles.

[…] Le peuple des États-Unis n'a pas échoué. Dans le besoin il a souscrit à un mandat qui réclame une action vigoureuse et directe. Il a demandé de la discipline et un commandement fort. Il m'a fait l'instrument de sa volonté. Dans l'esprit du don, j'accepte. Dans ce dévouement à la nation, nous demandons humblement la bénédiction de Dieu. [...]

Élu président des États-Unis en novembre 1932, le démocrate Franklin Delano Roosevelt (1882-1945) succède au républicain Herbert Hoover. Roosevelt prend officiellement ses fonctions le 4 mars 1933. Dans son discours d'investiture, écouté par quelques deux millions d'Américains, il présente un programme de redressement économique, le *New Deal* ou « Nouvelle donne ». Depuis le krach boursier du 24 octobre 1929, le « jeudi noir », le pays est confronté à la Grande Dépression qui s'est propagée en Europe. Les États-Unis comptent alors douze millions de chômeurs et deux millions de sans-abri.

Au lendemain du discours, le Président convoque le Congrès en session extraordinaire. Durant les cent premiers jours de son mandat (de mars à juin 1933), il fait voter un programme de financements publics destiné à lancer des grands travaux tout en luttant contre le chômage. Il réforme le système bancaire et met progressivement en place l'État providence. L'interventionnisme de l'État constitue une rupture dans ce système libéral. Autre nouveauté, Roosevelt s'entoure d'une équipe de jeunes technocrates appelée « *Brain Trust* » et il s'appuie sur l'opinion publique qu'il informe avec les « causeries au coin du feu ». Le bilan du *New Deal* est mitigé. Les États-Unis ne sortent de cette grave dépression qu'avec leur entrée en guerre en 1941.

Atteint d'une paralysie des membres inférieurs, Roosevelt incarne en 1933 le courage dont le pays doit faire preuve. Il a redonné la confiance aux Américains qui l'élisent, fait unique dans l'histoire des États-Unis, pour trois autres mandats.

LÉON BLUM

Programme du Front populaire

Paris, Palais-Bourbon, 6 juin 1936

Le peuple français a manifesté sa décision inébranlable de préserver contre toutes les tentatives de la violence ou de la ruse les libertés démocratiques. Il a affirmé sa résolution de rechercher dans des voies nouvelles les remèdes de la crise qui l'accable. Enfin, il a proclamé sa volonté de paix.

[…] Dès le début de la semaine prochaine, nous déposerons sur le bureau de la Chambre un ensemble de projets de loi dont nous demanderons aux deux Assemblées d'assurer le vote avant leur séparation. Ces projets de loi concerneront :

- l'amnistie ;

- la semaine de quarante heures ;

- les contrats collectifs ;

- les congés payés ;

- un plan de grands travaux, c'est-à-dire d'outillage économique, d'équipement sanitaire, scientifique, sportif et touristique ;

- la nationalisation de la fabrication des armes de guerre ;

- l'office du blé qui servira d'exemple pour la revalorisation des autres denrées agricoles, comme le vin, la viande et le lait ;

- la prolongation de la scolarité ;

- une réforme du statut de la Banque de France […].

Nous nous efforcerons ainsi […] de ranimer l'économie française, de résorber le chômage, d'accroître la masse des revenus consommables, de fournir un peu de bien-être et de sécurité à tous ceux qui créent, par leur travail, la véritable richesse. […]

Nous sommes un gouvernement de Front populaire, et non pas un gouvernement socialiste. Notre but n'est pas de transformer le régime social, ce n'est même pas d'appliquer le programme spécifique du parti socialiste, c'est d'exécuter le programme du Front populaire. […]

Leader de la Section française de l'internationale ouvrière (SFIO) durant tout l'entre-deux-guerres, Léon Blum engage son parti dans l'alliance avec le PCF et les radicaux, en riposte aux manifestations d'extrême droite du 6 février 1934. Dans un contexte de crises économique, sociale et politique, le Front populaire remporte à la majorité absolue les législatives d'avril-mai 1936. Un mois plus tard, Léon Blum se présente devant la Chambre des députés pour obtenir l'investiture de son gouvernement. Les communistes le soutiennent sans y participer. Le pays est alors paralysé par un vaste mouvement de grèves avec occupation d'usines. Blum organise des négociations entre patronat et syndicats. Les accords Matignon sont signés les 7 et 8 juin. Ils octroient des hausses de salaires, établissent des conventions collectives et reconnaissent la liberté syndicale. Le programme annoncé dans ce discours est mis en place pendant l'été dans l'espoir de relancer l'emploi et de renforcer l'intervention de l'État dans l'économie.

Le Front populaire introduit aussi un esprit nouveau. Pour la première fois, le gouvernement comprend des femmes, se préoccupe de la science, de la culture et des loisirs. Mais face aux difficultés économiques et financières, aux divisions politiques et aux attaques de l'opposition, Blum doit annoncer une « pause » dans les réformes en février 1937 puis démissionne une première fois en juin 1937. Le radical Édouard Daladier met fin à l'expérience du Front populaire en août 1938 en annonçant qu'il faut « remettre la France au travail ».

DOLORES IBARRURI (LA PASIONARIA)

¡No pasarán!

Madrid, balcon du ministère de l'Intérieur, 19 juillet 1936

Ouvriers ! Paysans ! Antifascistes ! Espagnols patriotes !

Face au soulèvement militaire fasciste, tous debout ! Défendons la République ! Défendons les libertés populaires et les conquêtes démocratiques du peuple ! [...]

Les communistes, les socialistes et les anarchistes, les républicains démocrates, les soldats et les forces demeurées loyales à la République ont infligé les premières défaites aux factieux qui traînent dans la boue de la trahison l'honneur militaire dont ils se glorifiaient tant.

Tout le pays vibre d'indignation devant ces misérables qui veulent plonger l'Espagne démocratique et populaire dans un enfer de terreur et de mort. Mais ils ne passeront pas ! L'Espagne entière s'apprête au combat. À Madrid, le peuple est dans la rue, soutenant le gouvernement et le stimulant avec son énergie et son esprit de lutte, pour que les militaires et les fascistes insurgés soient totalement écrasés. Jeunes, préparez-vous au combat !

Femmes, héroïques femmes du peuple, [...] luttez vous aussi aux côtés des hommes pour défendre la vie et la liberté de vos enfants que le fascisme menace ! [...]

Espagnols de partout ! Défendons la République démocratique, consolidons la victoire obtenue par le peuple le 16 février. Le Parti communiste vous appelle au combat. [...]

Vive le Front populaire ! Vive l'union de tous les antifascistes ! Vive la République du peuple ! Les fascistes ne passeront pas ! Ils ne passeront pas ! ¡No pasarán!

En 1931, la République est proclamée en Espagne mais ce nouveau régime est fragile tant le pays est divisé. Le *Frente Popular*, coalition de gauche, remporte les élections législatives le 16 février 1936. Dolores Ibarruri, militante communiste de quarante ans, aussi appelée *La Pasionaria*, devient députée aux *Cortes*. Oratrice très populaire, elle fait campagne pour améliorer les conditions de travail, de logement, de santé et demande la réforme agraire.

L'instabilité politique et sociale grandit. Les extrémistes des deux camps s'affrontent. C'est dans ce contexte qu'a lieu au Maroc espagnol, le 17 juillet 1936, le coup d'État militaire (*pronunciamento*) contre la République. Le lendemain, le général Franco lance l'appel au soulèvement national et la *Pasionaria* cet appel à la mobilisation contre les nationalistes. L'expression *No pasarán* devient le cri de ralliement des Républicains.

L'Espagne sombre dans une terrible guerre civile. Soutenues par Mussolini et Hitler, les troupes de Franco progressent rapidement. Les Républicains sollicitent en vain l'appui des démocraties européennes. Dolores Ibarruri ne convainc pas le gouvernement Blum qui choisit la non-intervention. Seuls des volontaires rejoignent les Brigades internationales.

Les hostilités cessent le 1er avril 1939 avec l'entrée dans Madrid des forces franquistes au cri de *¡Han pasado !* (« Ils sont passés ! »). Dolores s'exile en URSS et ne rentre en Espagne qu'après la mort du *Caudillo* en 1975. À 81 ans, elle est réélue députée communiste. Elle s'éteint en 1989, à l'âge de 93 ans.

ÉDOUARD DALADIER

« Nous avons sauvé la paix »

Paris, Palais-Bourbon, 4 octobre 1938

[…] Messieurs, au cours des semaines que nous venons de vivre, le monde a pu se demander avec angoisse s'il n'allait pas être précipité dans la guerre. Aujourd'hui, venant vous rendre compte de notre action, je peux vous dire que, dans cette crise, nous avons sauvé la paix. […] Pendant ces jours d'angoisse, deux courants se sont manifestés dans notre pays. On les retrouvait l'un et l'autre à l'intérieur de chaque parti politique […] ; les uns mettaient leur espoir dans la négociation, les autres dans la fermeté intransigeante. […]

Vous connaissez les résultats de l'entrevue de Munich qui fut plus une conversation utile qu'une conférence formelle. Nous avons évité le recours à la force. Nous avons provoqué dans quatre pays le plébiscite de la paix. Aux solutions de force, on peut espérer ainsi substituer les pratiques du droit. Certes, l'accord de Munich amoindrit le territoire de la Tchécoslovaquie. Mais la République tchécoslovaque peut poursuivre sa vie libre et nous l'y aiderons de notre mieux. […]

L'estime que notre patrie a imposée pendant ces journées à tous les peuples qui l'entourent, cette estime qu'impose toujours une nation à la fois virile et pacifique, nous avons le devoir de la ressentir, nous aussi, pour ce grand peuple qui est notre voisin et avec lequel nous souhaitons pouvoir établir une paix durable. […] Le bien le plus précieux, celui qui, en effet, permet toutes les espérances, nous a été conservé. Nous avons maintenu la paix ; sachons la garder et, surtout, sachons l'établir sur des bases inébranlables. […]

Dès son arrivée au pouvoir, Hitler remet en cause le traité de Versailles. Pangermaniste, il réarme l'Allemagne et remilitarise la Rhénanie. Après l'*Anschluss* avec l'Autriche en mars 1938, le *Führer* convoite les Sudètes, région de Bohème où vit une minorité germanophone. La situation internationale se tend. Une conférence se tient alors à Munich dans la nuit du 29 au 30 septembre 1938. Y participent Hitler, Mussolini, Chamberlain, le partisan d'une politique d'*appeasement* et le Président du Conseil français de 1938 à 1940, Daladier. La France abandonne son alliée tchécoslovaque qui n'a pas été conviée. Daladier est lui-même partisan de la fermeté mais l'opinion publique française, pacifiste, ne veut pas plus la guerre en 1938, qu'en 1936 pour l'Espagne. À l'instar de Léon Blum, nombreux sont ceux qui, traumatisés par la Grande Guerre, éprouvent un « lâche soulagement ». De retour en France, face aux acclamations de la foule, Daladier aurait alors proclamé : « Ah les cons, s'ils savaient ! » Pour lui, ces accords n'offrent qu'un sursis et il accentue dès lors la politique de réarmement.

Le 4 octobre 1938, les accords de Munich sont en débat à la Chambre pour leur ratification et c'est Édouard Daladier qui les défend. Ils sont approuvés à une écrasante majorité. Les antimunichois, partisans de la fermeté, ne sont qu'une minorité. La guerre tant redoutée n'est repoussée que d'un an. En mars 1939, Hitler achève de démanteler la Tchécoslovaquie puis envahit la Pologne le 1er septembre. Cette fois-ci, le Royaume-Uni et la France répliquent et déclarent la guerre à l'Allemagne.

ADOLF HITLER

Discours au Reichstag

Berlin, le 28 avril 1939

[…] J'ai vaincu le chaos en Allemagne, j'ai rétabli l'ordre, consi-dérablement augmenté la production dans tous les secteurs de notre économie nationale ; grâce à des efforts acharnés, produit des substi-tuts aux nombreux matériaux dont nous manquions, encouragé les nouvelles inventions, développé le trafic, fait construire de grandes routes et creuser des canaux, fait sortir de terre de gigantesques usines, tout en m'efforçant de promouvoir l'éducation et la culture de notre peuple pour développer notre communauté sociale. Une fois encore, je suis parvenu à trouver un travail utile à la totalité des sept millions de chômeurs dont le sort nous touchait tant, à maintenir le paysan allemand sur sa terre, […] à réaliser un nouvel épanouissement du commerce allemand et à développer considérablement les transports. Je n'ai pas seulement uni politiquement le peuple allemand, je l'ai aussi réarmé et j'ai entrepris de déchirer page par page ce traité qui contenait dans ses 448 articles le viol le plus infâme jamais infligé à des nations et à des êtres humains. J'ai rendu au Reich les provinces qui nous avaient été volées en 1919. J'ai ramené dans leur patrie les millions d'Allemands profondément malheureux qui nous avaient été arrachés. J'ai recréé l'unité historique millénaire de l'espace vital allemand, et je me suis efforcé de faire tout cela sans verser de sang et sans infliger à mon peuple ou à d'autres les souffrances de la guerre. J'ai fait cela par mes propres forces, celles d'un homme qui était il y a vingt et un ans un travailleur et un soldat inconnu de son peuple. […]

Né en 1889 dans une modeste famille autrichienne, caporal décoré de la Croix de fer, Adolf Hitler incarne la déception des anciens combattants face au traité de Versailles. Devenu chancelier le 30 janvier 1933, il bafoue les clauses du *diktat* et prépare le pays à la revanche. Il remilitarise la Rhénanie et rétablit le service militaire. Avec son plan de grands travaux et de fabrication d'ersatz visant à l'autarcie, l'Allemagne se relève de la crise économique de 1929 et devient en dix ans la deuxième puissance industrielle mondiale. Le chômage a presque disparu. Anticommuniste, Hitler est aussi nationaliste et veut recréer l'Empire, le *Reich*. Son pangermanisme entraîne l'*Anschluss* avec l'Autriche en 1938 puis le démantèlement de la Tchécoslovaquie en 1938-1939 et cache un expansionnisme agressif. Hitler convoite dès lors la Pologne pour poursuivre sa théorie de l'espace vital (*Lebensraum*). Parallèlement, Hitler exclut les juifs de la communauté nationale et n'en touche pas un mot dans ce discours. Or, l'antisémitisme est au cœur de l'idéologie nazie, comme le prouvent l'ouvrage *Mein Kampf*, rédigé pendant sa captivité due au putsch de 1923, ou encore la mise en place des Lois de Nuremberg en 1935. Hitler cultive le non-dit et tient des propos rassurants dans ce discours bilan. Ainsi, le « rétablissement de l'ordre » englobe le passage à la dictature, l'impitoyable répression et l'ouverture des camps de concentration. Tenant des propos démagogiques mis en avant par une propagande très efficace, Hitler a su attirer de nombreux Allemands qui le suivent dans la guerre et la réalisation du génocide.

WINSTON CHURCHILL

« Du sang, du labeur, des larmes et de la sueur »

Londres, 13 mai 1940

[...] Je demande, que la chambre des Communes accorde l'investiture à la formation d'un gouvernement représentant l'unité et l'inflexible résolution d'une nation à poursuivre la guerre jusqu'à la victoire finale sur l'Allemagne. [...]

Je dois déclarer à cette assemblée, ainsi que je l'ai dit à ceux qui ont rejoint mon gouvernement : « Je n'ai rien d'autre à offrir que du sang, du labeur, des larmes et de la sueur. »

Nous avons devant nous une épreuve des plus douloureuses. Nous avons devant nous, de très longs mois de lutte et de souffrance. Vous me demandez quelle est notre politique ? Je vous réponds : faire la guerre, sur mer, sur terre et dans les airs, avec toute notre puissance et toute la force que Dieu peut nous donner ; faire la guerre contre une monstrueuse tyrannie, qui n'a jamais eu d'égale dans le sombre et lamentable catalogue des crimes humains. Voilà notre politique.

Vous me demandez quel est notre but. Je vous réponds en deux mots : la victoire, la victoire à tout prix, la victoire malgré toutes les terreurs, la victoire si long et difficile que puisse être le chemin; car, sans la victoire, il n'est point de survie. Comprenez le bien : pas de survie pour l'Empire britannique, pas de survie pour les valeurs qu'il défend, pas de survie pour les progrès séculaires de l'humanité.

Mais c'est plein d'espoir et d'entrain que j'assume ma tâche. Je suis certain que notre cause ne manquera pas de triompher. En cet instant, je me sens autorisé à demander l'appui de tous et je déclare : Allons, en avant tous, unis et forts.

Winston Churchill est né en 1874. Journaliste puis militaire, il entame en 1900 une carrière politique d'un demi-siècle. Adversaire acharné des communistes, il dénonce aussi très tôt le danger nazi en réclamant une politique de fermeté face à Hitler et le réarmement du pays. La politique d'*appeasement* du Premier ministre Chamberlain prévaut alors.

Face au pacifisme des démocraties européennes, les troupes allemandes envahissent la Belgique, le Luxembourg et les Pays-Bas le 10 mai 1940 et mettent fin à huit mois de « drôle de guerre ». Le même jour, Winston Churchill succède à Chamberlain à la tête d'un cabinet d'Union nationale. Dans son discours d'investiture présenté ici, il cherche à mobiliser son gouvernement, la chambre des Communes et le pays tout entier. Il appelle à l'effort de guerre sans cacher les difficultés à venir.

Face à la défaite et à la capitulation de la France en juin 1940, la Grande-Bretagne est seule à poursuivre la lutte. De juillet 1940 à mai 1941, les Britanniques résistent lors de la Bataille d'Angleterre. Londres et de nombreuses villes industrielles sont pilonnées sans relâche par la *Luftwaffe*, c'est le *Blitz*. Malgré les pertes en vies humaines et les destructions, la volonté anglaise ne fléchit pas. Dès 1941, Hitler change de tactique, délaisse la Grande-Bretagne pour préparer l'invasion de l'URSS.

Les discours et la détermination de Churchill ont joué un rôle considérable pour soutenir le moral des Anglais. Churchill symbolise la résistance anglaise face au nazisme.

CHARLES DE GAULLE
Appel du 18 juin

Londres, 18 juin 1940

Les chefs qui, depuis de nombreuses années, sont à la tête des armées françaises, ont formé un gouvernement. Ce gouvernement, alléguant la défaite de nos armées, s'est mis en rapport avec l'ennemi pour cesser le combat. Certes, nous avons été, nous sommes, submergés par la force mécanique, terrestre et aérienne, de l'ennemi. Infiniment plus que leur nombre, ce sont les chars, les avions, la tactique des Allemands qui nous font reculer. [...] Mais le dernier mot est-il dit ? L'espérance doit-elle disparaître ? La défaite est-elle définitive ? Non !

Croyez-moi, moi qui vous parle en connaissance de cause et vous dis que rien n'est perdu pour la France. [...] Elle a un vaste Empire derrière elle. Elle peut faire bloc avec l'Empire britannique qui tient la mer et continue la lutte. Elle peut, comme l'Angleterre, utiliser sans limites l'immense industrie des États-Unis. Cette guerre n'est pas limitée au territoire malheureux de notre pays. [...] Cette guerre est une guerre mondiale.

[...] Moi, général De Gaulle, actuellement à Londres, j'invite les officiers et les soldats français qui se trouvent en territoire britannique ou qui viendraient à s'y trouver, avec leurs armes ou sans leurs armes, j'invite les ingénieurs et les ouvriers spécialistes des industries d'armement qui se trouvent en territoire britannique ou qui viendraient à s'y trouver, à se mettre en rapport avec moi.

Quoi qu'il arrive, la flamme de la résistance française ne doit pas s'éteindre et ne s'éteindra pas.

Demain, comme aujourd'hui, je parlerai à la Radio de Londres.

Le 17 juin 1940, dans une France en pleine débâcle militaire, le maréchal Pétain devient chef du gouvernement et annonce aux Français sa décision de demander l'armistice. Ce même jour, le général de Gaulle, qui refuse la défaite, rencontre Churchill à Londres et lui demande son soutien. Cet officier de quarante-neuf ans, sous-secrétaire d'État à la guerre dans le précédent gouvernement, n'est que peu connu du grand public.

Dans son appel du 18 juin lancé à la BBC, de Gaulle s'oppose à la décision du maréchal Pétain. Il analyse la déroute de l'armée et remet en cause la stratégie réactionnaire de l'État-major dans l'entre-deux-guerres. Lui-même, en théoricien, avait appelé à la modernisation et à la mécanisation de l'armée. Il replace la défaite française dans son contexte international. Pour de Gaulle, comme pour Churchill, la victoire est encore possible. Il compte sur le ralliement des troupes coloniales françaises, l'appui militaire de l'Angleterre et l'aide industrielle des États-Unis. Sans aucune légitimité réelle, il appelle militaires et spécialistes de l'industrie de l'armement à le rejoindre pour reprendre le combat.

Ce texte publié dès le lendemain et passé à la postérité n'est pas exactement la version du 18 juin. Le premier appel avait été légèrement modifié à la demande des Anglais. Peu entendu, il n'a pas non plus été enregistré. Il favorise néanmoins les premiers engagements de volontaires et marque le début de la « France libre » face au régime de Vichy. C'est l'acte de naissance de la Résistance.

PHILIPPE PÉTAIN

« J'entre aujourd'hui dans la voie de la collaboration »

Message radiodiffusé, 30 octobre 1940

Français,

J'ai rencontré, jeudi dernier, le Chancelier du Reich. [...]

La France s'est ressaisie. Cette première rencontre entre le vainqueur et le vaincu, marque le premier redressement de notre pays. C'est librement que je me suis rendu à l'invitation du Führer. Je n'ai subi, de sa part, aucun « diktat », aucune pression. Une collaboration a été envisagée entre nos deux pays. J'en ai accepté le principe. Les modalités en seront discutées ultérieurement. [...]

C'est dans l'honneur et pour maintenir l'unité française, une unité de dix siècles, dans le cadre d'une activité constructive du nouvel ordre européen, que j'entre aujourd'hui dans la voie de la collaboration. Ainsi, dans un avenir prochain, pourrait être allégé le poids des souffrances de notre pays, amélioré le sort de nos prisonniers, atténuée la charge des frais d'occupation.

Ainsi pourrait être assouplie la ligne de démarcation et facilités l'administration et le ravitaillement du territoire. Cette collaboration doit être sincère. Elle doit être exclusive de toute pensée d'agression. Elle doit comporter un effort patient et confiant. L'armistice, au demeurant, n'est pas la paix. La France est tenue par des obligations nombreuses vis-à-vis du vainqueur. Du moins reste-t-elle souveraine. [...]

Cette politique est la mienne. Les ministres ne sont responsables que devant moi.

C'est moi seul que l'histoire jugera. Je vous ai tenu jusqu'ici le langage d'un Père ; je vous tiens aujourd'hui le langage d'un Chef. Suivez-moi. Gardez votre confiance en la France éternelle !

Dans la France de la débâcle, Philippe Pétain (1856-1951) fait figure d'homme providentiel. À 84 ans, le Maréchal devient le chef de « l'État français » et entend faire une « révolution nationale » pour régénérer la France. Il souhaite aussi établir une collaboration d'État avec l'Allemagne afin d'obtenir une position favorable dans l'Europe nazie et des allègements sur les clauses d'armistice. L'entrevue de Montoire, le 24 octobre 1940, est préparée par Pierre Laval, vice-président du Conseil. Elle est médiatisée par la photographie de la poignée de main entre les deux hommes. Hitler, qui vient de rencontrer Franco, attend le soutien militaire du régime de Vichy dans sa lutte contre l'Angleterre. Il peut dès lors compter sur la collaboration économique, militaire et policière de l'État français. La légende répandue d'un Vichy « bouclier » défendant au mieux les intérêts des Français s'effondre au vu des dérisoires concessions issues de cette entrevue, des conditions de vie en France et de la situation matérielle du pays durant ces « années noires ». Ainsi, à partir de novembre 1942, l'ensemble du territoire est occupé, le gouvernement de Vichy est totalement sous contrôle de l'occupant, il n'y a plus de souveraineté française.

Sous le choc de la défaite de 1940, une majorité de Français a soutenu Pétain. Mais la prolongation de la guerre, le choix de la collaboration et la mise en place du Service du travail obligatoire (STO) ont peu à peu retourné l'opinion et nourri les rangs d'une résistance demeurée longtemps minoritaire.

FRANKLIN DELANO ROOSEVELT

« Une date qui restera marquée par l'infamie »

Washington, 8 décembre 1941

[…] Hier 7 décembre 1941 – une date qui restera marquée par l'infamie –, les États-Unis d'Amérique ont été l'objet d'une attaque soudaine et délibérée par les forces navales et aériennes de l'Empire du Japon. Les États-Unis étaient en paix avec cette nation. […] La distance qui sépare Hawaï et le Japon prouve que cette attaque était préparée depuis plusieurs jours, voire plusieurs semaines. […] L'attaque d'hier sur les îles Hawaï a infligé de sévères pertes aux forces militaires et navales américaines. De nombreux Américains ont perdu la vie. En outre, un rapport signale que des navires américains ont été torpillés en haute mer. […]

Le Japon a entrepris une offensive surprise à travers toute la zone Pacifique. Les faits parlent d'eux-mêmes. Le peuple des États-Unis a déjà formé son opinion et comprend la menace qui pèse sur la vie et la sécurité de la nation. […] Jamais nous n'oublierons le caractère de cette agression. Qu'importe le temps qu'il nous faudra pour refouler cette invasion préméditée, le peuple américain, fort de son droit, parviendra à la victoire totale. […] Les hostilités ont commencé. Il ne faut pas se voiler la face : notre peuple, notre territoire et nos intérêts sont gravement menacés.

Grâce à la confiance dans nos forces armées, grâce à la ferme détermination de notre peuple, notre triomphe est inévitable. Et que Dieu nous aide !

Je demande que le Congrès déclare que depuis l'odieuse – et nullement justifiée – agression japonaise le dimanche 7 décembre, il existe un état de guerre entre les États-Unis et l'Empire du Japon.

Si Roosevelt est le président du *New Deal,* il est aussi celui qui engage les États-Unis dans la Seconde Guerre mondiale, en renonçant à la politique isolationniste maintenue durant l'entre-deux-guerres. Les démocraties observaient alors la montée des régimes autoritaires.

Dans les années 1930, l'Allemagne, l'Italie et le Japon mènent des politiques expansionnistes puis se lient dans un pacte tripartite. La guerre débute en 1939 et les États-Unis s'impliquent progressivement. En 1941, la loi « prêt-bail » accorde une aide matérielle aux Alliés et un embargo est imposé au Japon. Le Premier ministre nippon, le Général Tojo, riposte par l'attaque surprise de la base américaine de Pearl Harbor, dans les îles Hawaï. Le 7 décembre 1941, un raid aérien détruit dix-huit bâtiments de marine, tue deux mille quatre cents soldats et en blesse mille deux cents. Le Japon déclare ensuite la guerre aux États-Unis et à ses alliés. Le lendemain, le 8 décembre, les troupes nippones débarquent en Malaisie et se lancent dans une guerre éclair triomphale en Asie du Sud-Est. Ce même jour, Roosevelt prononce un discours solennel devant le Congrès. Il oppose l'attitude pacifique de son pays à la conduite belliqueuse de Tokyo. Certaines thèses peu crédibles soutiennent qu'il aurait été averti de l'attaque mais qu'il aurait laissé faire afin de déclarer la guerre avec un large soutien populaire.

Roosevelt engage son pays dans une guerre totale et mondiale et se dépense sans compter. Il est réélu en 1944 pour un quatrième mandat mais décède le 12 avril 1945, sans avoir vu la fin du conflit le plus meurtrier de l'histoire.

PIE XII

Discours de Noël

Le Vatican, 24 décembre 1942

[…] Une grande partie de l'humanité, et, nous ne craignons pas de le déclarer, un grand nombre même de ceux qui se disent chrétiens, partagent en quelque façon leur part de la responsabilité collective du développement des erreurs, des maux et du manque absolu d'élévation morale de la société actuelle. […] Tout ce qui en temps de paix demeurait comprimé a éclaté dès le déchaînement de la guerre en une lamentable série d'actes en contradiction complète avec l'esprit d'humanité du christianisme. […]

Les peuples veulent-ils donc assister sans réagir à l'extension de ce désastre ? Ou ne faut-il pas plutôt que, sur les ruines d'un ordre social qui a donné les preuves si tragiques de son incapacité à procurer le bien-être des peuples, s'unissent tous les cœurs droits et magnanimes dans le vœu solennel de ne s'accorder aucun repos jusqu'à ce que […] devienne légion la troupe de ceux qui […] aspirent à se dévouer au service de la personne humaine et de la communauté ennoblie par Dieu ? […]

Ce vœu, l'humanité le doit aux centaines de milliers de personnes, qui, sans aucune faute de leur part, et parfois pour le seul fait de leur nationalité ou de leur race, ont été vouées à la mort ou à une extermination progressive. […]

Ce vœu, l'humanité le doit au fleuve de larmes et d'amertumes, à l'accumulation de douleurs et de tourments causés par la ruine meurtrière de l'horrible conflit qui crient vers le ciel, implorant l'Esprit saint, de venir délivrer le monde du débordement de la violence et de la terreur. […]

Eugenio Pacelli est né en 1876 dans une famille de la noblesse romaine proche du Saint-Siège. Il devient prêtre en 1899, archevêque en 1917 et nonce apostolique. D'Allemagne, il assiste à la montée du nazisme et dénonce dans presque tous ses discours les dangers de cette idéologie. De retour au Vatican en 1929, il devient le plus proche collaborateur de Pie XI et lui succède en 1939. Quand la guerre éclate, il maintient les relations diplomatiques avec tous les belligérants tout en s'opposant aux fascismes. Il agit avec prudence et discrétion pour éviter de lourdes représailles pour les populations civiles et pour le clergé des pays occupés qui relaie son action en dénonçant le nazisme et en donnant asile à des juifs.

Le message radio adressé par Pie XII aux fidèles à Noël 1942 dénonce l'horreur de la guerre et illustre l'engagement du pape qui dénonce clairement la Shoah. Ce discours irrite fortement Berlin mais Pie XII réitère ce type de propos à plusieurs reprises.

À la libération, le Congrès juif mondial et le grand rabbin de Jérusalem lui rendent hommage pour son action. À sa mort en 1958, la ministre israélienne Golda Meir fait de même. Mais d'autres voix s'élèvent et accusent alors le Saint-Siège de ne pas avoir fermement condamné le IIIᵉ Reich. Au cœur du débat figure la pièce de théâtre *Le Vicaire* de l'Allemand Rolf Hochhuth, véritable pamphlet contre « le silence pontifical ». Costa-Gavras s'en inspire pour son film *Amen* sorti en 2001. Face à ces accusations, Le Vatican ouvre progressivement ses archives.

CHARLES DE GAULLE
« Paris libéré ! »

Paris, Hôtel de Ville, 25 août 1944

Pourquoi voulez-vous que nous dissimulions l'émotion qui nous étreint tous, hommes et femmes, qui sommes ici, chez nous, dans Paris debout pour se libérer et qui a su le faire de ses mains. Non, nous ne dissimulerons pas cette émotion profonde et sacrée. Il y a là des minutes qui dépassent chacune de nos pauvres vies.

Paris ! Paris outragé ! Paris brisé ! Paris martyrisé ! Mais Paris libéré ! Libéré par lui-même, libéré par son peuple avec le concours des armées de la France, avec l'appui et le concours de la France tout entière, de la France qui se bat, de la seule France, de la vraie France, de la France éternelle.

Eh bien, puisque l'ennemi qui tenait Paris a capitulé dans nos mains, la France rentre à Paris, chez elle. Elle y rentre sanglante, mais bien résolue. […]

L'ennemi chancelle mais il n'est pas encore battu. Il reste sur notre sol. Il ne suffira même pas que nous l'ayons, avec le concours de nos chers et admirables alliés, chassé de chez nous pour que nous nous tenions pour satisfaits après ce qui s'est passé. Nous voulons entrer sur son territoire comme il se doit, en vainqueurs. […] C'est pour cette revanche, cette vengeance et cette justice, que nous continuerons de nous battre jusqu'au dernier jour, jusqu'au jour de la victoire totale et complète. Ce devoir de guerre, tous les hommes qui sont ici et tous ceux qui nous entendent en France savent qu'il exige l'unité nationale. Nous autres, qui aurons vécu les plus grandes heures de notre Histoire, nous n'avons pas à vouloir autre chose que de nous montrer, jusqu'à la fin, dignes de la France. Vive la France !

Le 25 août 1944, de Gaulle entre dans Paris libéré. L'insurrection parisienne a débuté le 19 août, à l'approche des armées alliées. Elle fut menée par la police parisienne, les groupes résistants et la 2e Division blindée du général Leclerc, détachée par l'état-major américain, à la demande du général de Gaulle.

L'homme du 18 juin reçoit la capitulation du Général von Choltitz à la gare Montparnasse. Il se rend ensuite au ministère de la Guerre, dans le bureau qu'il occupait en juin 1940. Il montre ainsi la continuité républicaine et l'illégitimité du gouvernement de Vichy. D'ailleurs, invité à proclamer la République, il refuse car, dit-il, « la République n'a jamais cessé d'être ». Reçu à l'Hôtel de Ville, il prononce cet émouvant discours. Le chef du Gouvernement provisoire de la République française appelle à l'unité nationale après ces quatre « années noires » d'occupation. L'épuration sauvage envers les collaborateurs révèle les tensions accumulées. De Gaulle veut aussi imposer sa légitimité sur l'ensemble du territoire face aux différents mouvements de résistance et tient à écarter tout risque de guerre civile. Enfin il demande aux Français de rester mobilisés et de participer jusqu'à la victoire finale à l'effort de guerre allié. Cette participation militaire était indispensable pour prétendre compter au rang des nations victorieuses. Ainsi, l'armée française participe à l'invasion de l'Allemagne. La France est l'un des pays qui reçoit la capitulation allemande le 8 mai 1945.

HIROHITO
La capitulation du Japon

Tokyo, 15 août 1945

À nos bons et loyaux sujets,

[...] Nous avons ordonné à Notre Gouvernement de faire savoir aux gouvernements des États-Unis, de Grande-Bretagne, de Chine et d'Union soviétique que Notre Empire accepte les termes de leur déclaration commune.

[...] C'est en raison de Notre sincère désir d'assurer la sauvegarde du Japon et la stabilisation du Sud-est asiatique que Nous avons déclaré la guerre à l'Amérique et à la Grande-Bretagne, car la pensée d'empiéter sur la souveraineté d'autres nations ou de chercher à agrandir notre territoire était bien loin de Nous. Mais voici désormais près de quatre années que la guerre se prolonge. [...] L'ennemi a mis en œuvre une bombe nouvelle d'une extrême cruauté, dont la capacité de destruction est incalculable et décime bien des vies innocentes. Si Nous continuions à nous battre, cela entraînerait non seulement l'effondrement et l'anéantissement de la nation japonaise, mais encore l'extinction totale de la civilisation humaine. [...]

Nous ne pouvons qu'exprimer le sentiment de notre plus profond regret à Nos Alliés du Sud-Est asiatique qui ont sans faillir coopéré avec Notre Empire pour obtenir l'émancipation des contrées asiatiques. [...]

Ayant pu sauvegarder et maintenir la structure de l'État impérial, Nous sommes toujours avec vous [...]. Gardez-vous très rigoureusement de tout éclat d'émotion susceptible d'engendrer d'inutiles complications. [...] Travaillez avec résolution, de façon à pouvoir rehausser la gloire inhérente de l'État impérial et vous maintenir à la pointe du progrès dans le monde.

Le 8 mai 1945, la capitulation allemande met fin à la guerre en Europe. Mais, dans le Pacifique, de terribles combats se poursuivent. Les Japonais, à l'image de leurs kamikazes, sont prêts au sacrifice suprême. Pourtant, le 2 septembre, l'Empereur Hirohito signe l'acte de capitulation. Deux éléments l'y ont conduit : l'entrée en guerre de l'URSS contre le Japon et les bombardements atomiques sur Hiroshima et Nagasaki. Ces bombardements des 6 et 9 août ont entraîné la mort directe de plus de cent quinze mille personnes.

Hirohito, qui règne depuis 1926, rompt avec la tradition. Il impose une décision politique personnelle et s'adresse à son peuple par la voie des ondes. Ce discours est enregistré le 14 août et diffusé le lendemain. Plusieurs millions de Japonais l'écoutent sans le comprendre car l'empereur s'exprime dans un japonais archaïque. C'est un speaker de la radio qui éclaire le sens des paroles impériales.

L'empereur se défend d'avoir mené une politique expansionniste. Il évoque les alliés de la sphère de coprospérité et occulte la rude occupation d'un État impérialiste. Il condamne Américains et Britanniques, présentés comme les adversaires de la décolonisation du Sud-Est asiatique et il n'évoque pas la défaite. Il termine son discours en appelant à la modernisation du Japon.

Avec l'aide américaine, le Japon d'après-guerre connaît une formidable croissance économique. Hirohito, devenu empereur honorifique, ne peut qu'observer les mutations de son pays. Il décède en 1989, laissant la place à son fils, Akihito.

PARTIE 2

LE MONDE DEPUIS 1945 : GUERRE FROIDE, DÉCOLONISATION ET NOUVEAUX CONFLITS

HÔ CHI MINH

Déclaration d'indépendance

Hanoi, 2 septembre 1945

« *Tous les hommes naissent égaux. Le Créateur nous a donné des droits inviolables, le droit de vivre, le droit d'être libres et le droit de réaliser notre bonheur.* » *Cette parole immortelle est tirée de la Déclaration d'Indépendance des États-Unis d'Amérique en 1776.* [...]

La Déclaration des droits de l'homme et du citoyen [...] proclame également : « *Les hommes naissent et demeurent libres et égaux en droits.* » *Ce sont là des vérités indéniables. Et pourtant, pendant plus de quatre-vingts ans, les colonialistes français, abusant du drapeau de la liberté de l'égalité, de la fraternité, ont violé notre terre et opprimé nos compatriotes.* [...]

En automne 1940, quand les fascistes japonais, en vue de combattre les Alliés, ont envahi l'Indochine pour organiser de nouvelles bases de guerre, les colonialistes français se sont rendus à genoux pour leur livrer leur pays. Depuis, notre peuple, sous le double joug japonais et français, a été saigné littéralement. [...]

Après la reddition des Japonais, notre peuple tout entier s'est dressé pour reconquérir sa souveraineté nationale et a fondé la République démocratique du Vietnam. [...] Pour ces raisons, nous, membres du gouvernement provisoire de la République démocratique du Vietnam, proclamons solennellement au monde entier : le Vietnam a le droit d'être libre et indépendant et, en fait, est devenu un pays libre et indépendant. Tout le peuple du Vietnam est décidé à mobiliser toutes ses forces spirituelles et matérielles, à sacrifier sa vie et ses biens pour garder son droit à la liberté et à l'indépendance.

Le 2 septembre 1945, Hô Chi Minh (1890-1969), leader marxiste du mouvement de libération du Vietnam, le Viêt-minh, proclame devant cinq cent mille personnes l'indépendance de son pays.

Ce discours est prononcé le jour de la capitulation japonaise, alors que l'empire du Soleil-Levant a occupé la péninsule indochinoise pendant la Seconde Guerre mondiale. Dans les dernières semaines du conflit, le Viêt-minh a bénéficié de l'aide américaine dans sa lutte contre les Japonais. Hô Chi Minh attend désormais le soutien des États-Unis pour se libérer de la puissance colonisatrice française d'où la référence à sa Déclaration d'Indépendance.

Hô Chi Minh a vécu en métropole et convoque son texte fondateur, la Déclaration des droits de l'homme et du citoyen de 1789. Il met ainsi la France en contradiction entre ses valeurs et son action coloniale. La suite est un violent réquisitoire.

La France, qui veut retrouver sa grandeur, refuse l'indépendance de l'Indochine. Les négociations échouent avec le Viêt-minh et la guerre éclate fin 1946. Ce conflit devient un enjeu de la Guerre froide. Dès 1949, la Chine de Mao soutient la guérilla du Viêt-minh et les Américains aident les Français afin d'endiguer le communisme. En mai 1954, les troupes françaises sont vaincues à Dîen Bîen Phu. Les accords de Genève (juillet 1954) reconnaissent l'indépendance du Laos, du Cambodge et du Vietnam (partagé en deux, de part et d'autre du 17e parallèle). Pour autant, la paix ne s'installe pas dans la région. À la guerre d'Indochine succède la guerre du Vietnam.

WINSTON CHURCHILL
Le rideau de fer

Fulton, Missouri, 5 mars 1946

De Stettin sur la Baltique jusqu'à Trieste sur l'Adriatique un rideau de fer est tombé à travers le continent. Derrière cette ligne se trouvent toutes les capitales des anciens États de l'Europe centrale et orientale. Varsovie, Berlin, Prague, Vienne, Budapest, Belgrade, Bucarest et Sofia, toutes ces villes célèbres et les populations qui les entourent se trouvent dans ce que je dois appeler la sphère soviétique, et toutes sont soumises, sous une forme ou sous une autre, non seulement à l'influence soviétique, mais aussi à un degré très élevé et, dans beaucoup de cas, à un degré croissant, au contrôle de Moscou. Seule Athènes – la Grèce et ses gloires immortelles – reste libre de décider de son avenir dans des élections contrôlées par des observateurs britanniques, américains et français. […] Les partis communistes, qui étaient très faibles dans tous ces États de l'Est européen ont pris une importance et des pouvoirs qui vont bien au-delà de leur poids réel et tentent partout d'exercer un contrôle totalitaire. Des gouvernements policiers en émergent presque à chaque fois et, jusqu'à présent, à l'exception de la Tchécoslovaquie, il n'y a pas de vraie démocratie. […]

Je ne crois pas que la Russie soviétique désire la guerre. Ce qu'elle désire, ce sont les fruits de la guerre et une expansion illimitée de sa puissance et de ses doctrines. Toutefois, ce que nous devons considérer ici aujourd'hui, pendant qu'il en est encore temps, c'est la prévention de la guerre et l'instauration des conditions de la liberté et de la démocratie aussi rapidement que possible dans tous les pays.

Acteur majeur de la victoire des Alliés, Winston Churchill est pourtant battu aux élections générales de juillet 1945. Dès lors, il n'est plus Premier ministre mais son influence reste grande. Il est invité aux États-Unis par Truman, le successeur de Roosevelt. Il prononce à titre privé ce discours devant les étudiants de l'université de Fulton. Cette tribune lui permet de rendre publiques ses craintes envers l'URSS, ex-allié lors de la Grande Alliance. Churchill présente une Europe où l'influence soviétique ne cesse de s'étendre. Le pouvoir communiste s'impose au mépris des accords de Yalta (février 1945) qui prévoyaient la tenue d'élections libres dans les pays d'Europe de l'Est libérés par l'Armée rouge. Pour Churchill, l'idéologie communiste est une menace car elle remet en cause les valeurs démocratiques et libérales des pays d'Europe occidentale. L'Europe dès lors est coupée en deux par une frontière hermétique. Mais le danger se trouve également de l'autre côté du « rideau de fer ».

Churchill dénonce les « cinquièmes colonnes communistes » qui désignent les partis communistes, en particulier français et italien à la solde de Moscou. Il est d'autant plus inquiet que les Américains ont prévu le retrait de leurs troupes en Europe alors que les Britanniques n'ont pas les moyens de s'opposer à Staline, notamment en Grèce. Churchill demande donc l'aide des États-Unis pour préserver la paix et la démocratie. Ce discours est alors jugé excessif en raison de l'anticommunisme reconnu de son auteur mais il annonce les diatribes de la guerre froide.

HARRY S. TRUMAN

La doctrine Truman

Washington, Congrès des États-Unis, 12 mars 1947
Au moment présent de l'histoire du monde, presque toutes les nations se trouvent placées devant le choix entre deux modes de vie. Et trop souvent ce choix n'est pas un libre choix.

L'un de ces modes de vie est fondé sur la volonté de la majorité. Ses principaux caractères sont des institutions libres, des gouvernements représentatifs, des élections libres, des garanties données à la liberté individuelle, à la liberté de parole et du culte et à l'absence de toute oppression politique. Le second mode de vie est fondé sur la volonté d'une minorité imposée à la majorité. Il s'appuie sur la terreur et l'oppression, sur une radio et une presse contrôlées, sur des élections dirigées et sur la suppression de la liberté individuelle.

Je crois que les États-Unis doivent pratiquer une politique d'aide aux peuples libres qui résistent actuellement aux manœuvres de certaines minorités armées ou à la pression extérieure. [...] Je crois que notre aide doit se manifester en tout premier lieu sous la forme d'une assistance économique et financière [...].

En aidant les nations libres et indépendantes à maintenir leur liberté, les États-Unis mettront en œuvre les principes de la Charte des Nations unies. [...] Les germes des régimes totalitaires sont nourris par la misère et le besoin. Ils se répandent et grandissent dans la mauvaise terre de la pauvreté et de la guerre civile. Ils parviennent à maturité lorsqu'un peuple voit mourir l'espoir qu'il avait mis en une vie meilleure. Nous devons faire en sorte que cet espoir demeure vivant.

Ce discours est prononcé le 12 mars 1947 par Harry Truman, successeur du Président Roosevelt décédé en avril 1945. Truman dramatise la situation internationale pour convaincre le Congrès isolationniste de voter une aide destinée aux pays européens en lutte contre le communisme.

Depuis deux ans, l'URSS mène une politique expansionniste et impose sa tutelle sur les gouvernements des pays d'Europe de l'Est qui deviennent progressivement des pays satellites. La guerre civile grecque entre monarchistes et communistes cristallise alors les oppositions. La Grande-Bretagne a annoncé l'arrêt de son soutien. La Grèce fait alors appel aux États-Unis. Sans son aide, le communisme risque de s'étendre dans cette région, d'autant plus que les partis communistes jouissent d'un grand prestige dans les pays européens.

Le président démocrate reprend la symbolique du « rideau de fer » énoncée par Churchill. L'Europe est divisée dans un monde devenu bipolaire. Dans ce discours manichéen de Guerre froide, les États-Unis incarnent la liberté et le bien, en respect de la Charte des Nations unies.

Le plan Marshall, du nom du secrétaire d'État américain, est le volet économique et surtout financier de cette politique du *containment* (d'endiguement). L'URSS refuse cette aide ainsi que les pays d'Europe de l'Est, parfois sous la contrainte soviétique comme en Tchécoslovaquie. Les États-Unis assument désormais ouvertement le *leadership* du monde non communiste, que renforce encore l'alliance militaire d'avril 1949 : le pacte atlantique (OTAN).

ANDREÏ JDANOV
La doctrine Jdanov

Szklarska-Poreba (Pologne), 22 septembre 1947

Plus nous nous éloignons de la fin de la guerre et plus nettement apparaissent les deux principales directions de la politique internationale de l'après-guerre [...].

Les États-Unis sont la principale force dirigeante du camp impérialiste. L'Angleterre et la France sont unies aux États-Unis. [...] Le camp impérialiste est soutenu aussi par des États possesseurs de colonies, tels que la Belgique et la Hollande, et par des pays au régime réactionnaire antidémocratique, tels que la Turquie et la Grèce, ainsi que par des pays dépendant politiquement et économiquement des États-Unis. [...]

Les forces anti-impérialistes et antifascistes forment l'autre camp. L'URSS et les pays de la démocratie nouvelle en sont le fondement. [...] Le camp anti-impérialiste s'appuie dans tous les pays sur le mouvement ouvrier et démocratique des partis communistes frères, sur les combattants des mouvements de libération nationale dans les pays coloniaux et dépendants, sur toutes les forces progressistes et démocratiques qui existent dans chaque pays. [...]

Une tâche particulière incombe aux partis communistes frères de France, d'Italie, d'Angleterre et des autres pays. Ils doivent prendre en main le drapeau de la défense nationale et de la souveraineté de leurs propres pays.

Le but que se donnent les États-Unis est l'établissement de la domination mondiale de l'impérialisme américain. C'est aux partis communistes qu'incombe le rôle historique de se mettre à la tête de la résistance au plan américain d'asservissement de l'Europe.

Andreï Jdanov (1896-1948) est le responsable de l'idéologie du Parti communiste de l'Union soviétique (PCUS) à la veille et au lendemain de la Seconde Guerre mondiale. En 1947, alors que les relations se tendent entre les États-Unis et l'URSS, il réunit les responsables des partis communistes européens. Il veut organiser la lutte contre les États-Unis, en réponse à la politique de *containment* du Président Truman. Le discours prononcé est construit sur une vision manichéenne du monde. Les deux camps sont présentés selon le principe antagoniste de la lutte des classes. Jdanov diabolise les États-Unis et ses alliés ouest-européens. À l'inverse, l'URSS et ses satellites sont présentés comme les piliers d'un nouvel ordre mondial, fondé sur la liberté et le principe de « démocratie populaire ». Jdanov inclut dans son camp les pays en lutte pour leur indépendance. La référence à l'antifascisme rappelle le rôle joué par les communistes dans la lutte contre le nazisme. La Grande Alliance avec les États-Unis est volontairement occultée pour glorifier la seule URSS.

Selon Jdanov, le combat passe par la coordination des actions menées par tous les partis communistes dans le monde. Ceux-ci reçoivent pour mission de mener une politique de subversion. Le *Kominform* est fondé pour assurer la liaison entre ces différents partis communistes.

Les doctrines Truman et Jdanov révèlent à l'opinion publique mondiale la rupture entre les deux Grands, porteurs chacun d'un message universaliste. Le monde, devenu bipolaire, est entré dans la Guerre froide.

DAVID BEN GOURION

Création de l'État d'Israël

Musée de Tel-Aviv, 14 mai 1948

La terre d'Israël est le lieu où naquit le peuple juif. [...] C'est là qu'il a écrit la Bible et l'a offerte au monde. Contraint à l'exil, le peuple juif est resté fidèle à la terre d'Israël dans tous les pays où il s'est trouvé dispersé, ne cessant jamais de prier et d'espérer y revenir pour rétablir sa liberté nationale. [...]

En vertu du droit naturel et historique du peuple juif et conformément à la résolution de l'Assemblée générale des Nations unies, nous proclamons la création de l'État juif en Palestine qui portera le nom d'État d'Israël. [...]

L'État d'Israël sera ouvert à l'immigration des juifs de tous les pays où ils sont dispersés ; il veillera au développement du pays au bénéfice de tous ses habitants ; il sera fondé sur les principes de liberté, de justice et de paix ainsi que cela avait été conçu par les prophètes d'Israël ; il assurera une complète égalité sociale et politique à tous ses citoyens, sans distinction de religion, de race ou de sexe ; il garantira la liberté de culte, de conscience, d'éducation et de culture ; il assurera la protection des Lieux saints de toutes les religions, et respectera les principes de la Charte des Nations unies. [...]

Nous demandons aux Nations unies d'aider le peuple juif à édifier son État et d'admettre Israël dans la famille des nations. [...] Nous tendons notre main en signe de paix et de bon voisinage à tous les États qui nous entourent et à leurs peuples, et nous les invitons à coopérer avec la nation juive indépendante pour le bien commun de tous. [...]

Né en 1886 en Pologne russe, David Ben Gourion émigre en Palestine en 1906. Ce territoire fait alors partie de l'Empire ottoman. À la suite du fondateur du sionisme, Theodor Herzl, Ben Gourion souhaite la création d'un État pour le peuple juif. Le ministre britannique Lord Balfour soutient cette idée en 1917. Elle n'est pas appliquée après-guerre, en dépit du mandat britannique sur la Palestine. Les Arabes réclament l'arrêt de l'immigration juive, l'*alya*, qui s'est accentuée avec les violences antisémites en Europe. Mais au lendemain de la Seconde Guerre mondiale, le génocide paraît justifier auprès de l'opinion internationale la création d'un État juif. En novembre 1947, l'ONU vote un plan de partage de la Palestine largement favorable aux juifs.

Ben Gourion, proclame la création de l'État d'Israël le 14 mai 1948 alors que s'achève le mandat britannique. Il s'appuie sur la décision de l'ONU, sur des arguments religieux et historiques. Il souhaite rassembler la diaspora juive dans un État démocratique. Un régime parlementaire se met en place. Le futur chef du gouvernement évoque la cohabitation des trois monothéismes et aspire à la paix. Pourtant, dès le lendemain, les armées de la Ligue arabe envahissent le jeune État. Elles sont écrasées par Tsahal, l'armée israélienne. Pour les Arabes palestiniens, c'est la *nakba*, la « catastrophe ». Leur territoire est annexé, des centaines de milliers d'entre eux se réfugient dans les pays voisins. La fin de la première guerre israélo-arabe marque le début de la question palestinienne.

JOSEPH MCCARTHY

La chasse aux sorcières

Washington, Sénat des États-Unis, 20 février 1950

Un des grands personnages de notre histoire a dit un jour : « Quand une grande démocratie est détruite, ce n'est pas par ses ennemis de l'extérieur, mais par ses ennemis de l'intérieur. » La vérité de ce propos devient terriblement claire maintenant que nous voyons notre pays perdant tous les jours, sur tous les fronts.

À la fin de la guerre, nous étions la nation la plus puissante de l'univers, matériellement, et, au moins en potentiel, intellectuellement et moralement. Nous aurions pu avoir l'honneur d'être un phare dans le désert de la destruction, une preuve vivante, étincelante, que la civilisation n'était pas prête encore à se suicider. Hélas, nous avons misérablement échoué, tragiquement nous n'avons pas été à la hauteur de la situation.

Nous nous retrouvons dans une position d'impuissance. Pourquoi ? Parce que notre unique et puissant ennemi a débarqué sur nos rivages ? Non ! À cause des trahisons de ceux qui ont été si bien traités par notre Nation. Ce ne sont pas les pauvres ou les minorités ethniques qui ont vendu ce pays à l'encan, ce sont bien plutôt ceux qui ont profité de tout ce que le pays le plus riche de la Terre leur a offert : les plus belles demeures, les meilleures études et les meilleurs postes dans l'administration. [...]

Je dis que le Département d'État, l'un des plus importants de nos ministères, est complètement infecté de communistes. J'ai dans la main, les cas de cinquante-sept individus qui sont membres du parti communiste, ou tout au moins lui sont tout dévoués : cependant ils n'en continuent pas moins à façonner notre politique étrangère.

Encouragé par la mise en œuvre de la doctrine Truman, le sénateur républicain du Wisconsin, Joseph McCarthy, mène une véritable croisade contre les communistes. Dans un discours à Wheeling (Virginie) le 9 février 1950, il avance sans preuve que le Département d'État (le ministère des Affaires étrangères) emploie deux cent cinq communistes. McCarthy fait resurgir chez les Américains la crainte d'une subversion communiste, « la peur du Rouge ». Le climat est propice : début de la Guerre froide, guerre de Corée, procès des époux Rosenberg accusés d'avoir livré à l'URSS des secrets relatifs à la bombe atomique.

Dix jours plus tard, devant le Sénat, il répète son discours démagogique mais réduit sa liste de communistes à cinquante-sept. Cautionné par les Républicains, McCarthy dirige une « chasse aux sorcières », par le biais du comité d'enquête sénatorial. L'Amérique plonge dans l'hystérie collective. Plusieurs milliers d'enquêtes sont menées dans l'administration, les universités, les médias et le cinéma.

L'action de McCarthy contribue au retour à la présidence des Républicains avec l'élection du général Eisenhower. Mais le sénateur s'en prend à l'armée. Discrédité, il est écarté du pouvoir. La mort de Staline et la fin de la guerre de Corée en 1953 mettent un terme à cette épuration. Le terme « maccarthysme » est depuis utilisé pour qualifier toute politique qui, sous le motif de défendre la sécurité nationale, consiste à restreindre l'expression d'opinions politiques ou sociales considérées comme dangereuses ou subversives, en limitant les droits civiques.

ROBERT SCHUMAN
La déclaration Schuman

Paris, 9 mai 1950

La paix mondiale ne saurait être sauvegardée sans des efforts créateurs à la mesure des dangers qui la menacent. La contribution qu'une Europe organisée et vivante peut apporter à la civilisation est indispensable au maintien des relations pacifiques. En se faisant depuis plus de vingt ans le champion d'une Europe unie, la France a toujours eu pour objet essentiel de servir la paix. L'Europe n'a pas été faite, nous avons eu la guerre.

L'Europe ne se fera pas d'un coup, ni dans une construction d'ensemble : elle se fera par des réalisations concrètes, créant d'abord une solidarité de fait. Le rassemblement des nations européennes exige que l'opposition séculaire de la France et de l'Allemagne soit éliminée : l'action entreprise doit toucher au premier chef la France et l'Allemagne.

Dans ce but, le gouvernement français propose de porter immédiatement l'action sur un point limité, mais décisif : le gouvernement français propose de placer l'ensemble de la production franco-allemande de charbon et d'acier sous une haute autorité commune, dans une organisation ouverte à la participation des autres pays d'Europe. […] La solidarité de production qui sera ainsi nouée manifestera que toute guerre entre la France et l'Allemagne devient non seulement impensable, mais matériellement impossible.

L'établissement de cette unité puissante de production ouverte à tous les pays qui voudront y participer, […] jettera les fondements réels de leur unification économique […] et réalisera les premières assises concrètes d'une fédération européenne indispensable à la préservation de la paix.

Robert Schuman, l'un des « pères de l'Europe », est né en 1886. Il grandit en Lorraine annexée et conserve la nationalité allemande jusqu'en 1918. Dans l'entre-deux-guerres, il est député de Moselle. Après la Libération, il contribue à la fondation du MRP (Mouvement républicain populaire). Ministre des Affaires étrangères de 1948 à 1953, il contribue, avec le chancelier de la RFA, Adenauer, à la réconciliation franco-allemande. Sa déclaration du 9 mai 1950 est inspirée par Jean Monnet, commissaire général au plan. Schuman suggère de placer sous une autorité commune les productions française et allemande de charbon et d'acier, qui étaient essentielles à l'industrie. Dans une Europe dévastée par la guerre, une coopération économique est perçue comme le meilleur moyen de faciliter la reconstruction, d'apporter la prospérité et d'éviter un nouveau conflit.

Cette proposition recueille l'enthousiasme. Elle permet, moins d'un an plus tard, le 8 avril 1951, la création de la Communauté européenne du charbon et de l'acier (CECA) qui regroupe, outre l'Allemagne et la France, les trois pays du Benelux et l'Italie. C'est la première fois que des pays européens délèguent une partie de leur souveraineté à une institution internationale.

Si le projet de la Communauté européenne de défense (CED) échoue en 1954, la Communauté économique européenne voit le jour en 1957. Robert Schuman préside le Parlement européen de 1958 à 1960 et décède trois ans plus tard. Symboliquement, le 9 mai est devenu la journée de l'Europe.

JAWAHARLAL NEHRU

La conférence de Bandung

Bandung, île de Java, Indonésie, 24 avril 1955

[...] Il y a aujourd'hui un autre esprit en Asie. L'Asie n'est plus passive. Il n'y a plus d'Asie soumise, elle est vivante, dynamique [...]. Nous sommes résolus à n'être d'aucune façon dominés par aucun pays, par aucun continent. Nous ne sommes pas des « béni-oui-oui » qui disent « oui » à tel ou tel pays. Nous sommes des grands pays du monde et voulons vivre libres sans recevoir d'ordres de personne. Nous attachons de l'importance à l'amitié des grandes puissances, mais, à l'avenir, nous ne coopérerons avec elles que sur un pied d'égalité. C'est pourquoi nous élevons notre voix contre l'hégémonie et le colonialisme dont beaucoup d'entre nous ont souffert pendant longtemps. Et c'est pourquoi nous devons veiller à ce qu'aucune autre forme de domination ne nous menace. Nous voulons être amis avec l'Ouest, avec l'Est, avec tout le monde. Le seul chemin qui mène droit au cœur et à l'âme de l'Asie est celui de la tolérance, de l'amitié et de la coopération. [...]

Je pense qu'il n'y a rien de plus terrible que l'immense tragédie qu'a vécue l'Afrique depuis plusieurs siècles [...] depuis l'époque ou des millions d'Africains ont été expédiés comme esclaves en Amérique ou ailleurs. [...] Nous devons tous accepter la responsabilité de ce drame, oui tous, même si nous ne sommes pas directement compromis. Malheureusement, même aujourd'hui, le drame de l'Afrique est plus grand que celui d'aucun autre continent, tant du point de vue racial que politique. Il appartient à l'Asie d'aider l'Afrique au mieux de ses possibilités, car nous sommes des continents frères.

Nehru, disciple de Gandhi, est Premier ministre de l'Union indienne depuis l'indépendance du pays en 1947. Il prononce ce discours le 24 avril 1955 en clôture de la conférence de Bandung qui a débuté une semaine plus tôt. Le Président indonésien Soekarno est l'hôte de 29 délégations venues d'Asie, d'Afrique et du Proche-Orient. C'est la première grande conférence afro-asiatique suite à la première vague d'indépendance dans les colonies asiatiques.

Dans ce discours, Nehru condamne les pratiques colonialistes et l'impérialisme au nom des principes de la Charte des Nations unies. Il appelle à la non-ingérence des grandes puissances dans leurs affaires intérieures. Ces dernières n'ont d'ailleurs pas été conviées. Pour Senghor, futur président du Sénégal, c'est un véritable « coup de tonnerre ». Nehru déplore aussi toute politique de ségrégation raciale et appelle à la décolonisation pacifique en Afrique.

Bandung marque l'irruption du Tiers Monde sur la scène internationale. Le non-alignement qui vise à remettre en cause la bipolarisation du monde autour des deux superpuissances naît en juillet 1956. À la conférence de Brioni, en Yougoslavie, Nehru qui rencontre Nasser et Tito, soutient la coexistence pacifique. Il souhaite créer une force neutre dans la Guerre froide mais se heurte aux réalités des alliances de chacun. Aux non-engagés comme l'Inde et l'Égypte, s'opposent, d'un côté les pro-occidentaux comme la Turquie ou l'Irak et de l'autre, les pays ayant adopté le régime communiste à l'image de la Chine ou du Nord Vietnam.

NIKITA KHROUCHTCHEV

Le rapport « secret »

*Moscou, XXe Congrès du Parti communiste
de l'Union soviétique (PCUS), 24-25 février 1956*

*[…] Lénine jugea parfaitement Staline. Il souligna qu'il était néces-
saire d'envisager d'enlever à Staline son poste de secrétaire général
parce qu'il était excessivement brutal […] et abusait de ses pouvoirs.*

*[…] Staline fut à l'origine de la conception de « l'ennemi du peuple ».
Ce terme rendit automatiquement inutile d'établir la preuve des
erreurs idéologiques de l'homme ou des hommes engagés dans une
controverse ; il rendit possible l'utilisation de la répression la plus
cruelle. […] La seule preuve de culpabilité dont il était fait usage […]
était la « confession » de l'accusé lui-même, et, comme l'ont prouvé
les enquêtes faites ultérieurement, les « confessions » étaient obtenues
au moyen de pressions physiques sur l'accusé. […] Des arrestations
et des déportations massives de plusieurs milliers de personnes, des
exécutions sans procès et sans instruction normale créèrent des conditions d'insécurité et de peur. […]*

*Pendant les quelques premières années qui suivirent la mort de
Lénine, les congrès et les réunions plénières du Comité central
eurent lieu, plus ou moins régulièrement. Plus tard, lorsque Staline
commença progressivement à fonder son pouvoir, ces principes furent
brutalement violés. […]*

*Staline s'était élevé à tel point au-dessus du Parti qu'il pensait qu'il
pouvait décider seul de toutes choses et il traitait les autres de telle
manière qu'ils ne pouvaient plus que lui obéir et l'encenser. Le culte
de la personnalité a atteint de monstrueuses proportions en raison
du fait que Staline a encouragé la glorification de sa personne. […]*

À la mort de Staline en 1953, Khrouchtchev écarte ses rivaux et dirige l'URSS jusqu'à son éviction en 1964. Afin d'affermir son pouvoir, il engage un processus de déstalinisation. En février 1956, à l'issue du XXe Congrès du Parti communiste, il lit aux seuls délégués soviétiques un très long rapport secret où il dénonce la dictature de Staline. Puisant dans le « Testament de Lénine », Khrouchtchev rappelle la méfiance du père de la Révolution à l'égard de Staline. Le rapport dénonce l'abandon du léninisme, le gouvernement par la terreur avec des répressions massives, le centralisme politique, l'instauration du culte du chef et rend responsable Staline des désastres militaires de 1941-1942.

La diffusion internationale du rapport permet de donner une nouvelle image de l'URSS dans le projet de « coexistence pacifique » avec le bloc de l'Ouest. Une relative libéralisation s'amorce, marquée par la libération de nombreux prisonniers du goulag et l'assouplissement temporaire de la censure. La déstalinisation ne s'étend pas aux pays frères. L'insurrection hongroise de 1956 est réprimée. La Chine de Mao reste fidèle à l'image du petit Père des peuples. Aussi, Khrouchtchev ne remet en cause ni la collectivisation des campagnes ni la planification autoritaire de l'économie. Les dérapages politiques et les dysfonctionnements économiques sont attribués à un homme et exonèrent le Parti et l'idéologie de toute responsabilité. Le système soviétique s'avère alors incapable de se réformer.

GAMAL ABDEL NASSER
La nationalisation du canal de Suez

Alexandrie, 26 juillet 1956

La pauvreté n'est pas une honte, mais c'est l'exploitation des peuples qui l'est.

Nous reprendrons tous nos droits, car ces fonds sont les nôtres, et ce canal est la propriété de l'Égypte. La Compagnie est une société anonyme égyptienne, et le canal a été creusé par cent vingt mille Égyptiens, qui ont trouvé la mort durant l'exécution des travaux. La Société du canal de Suez à Paris ne cache qu'une pure exploitation [...]. Nous construirons le Haut Barrage [d'Assouan] et nous obtiendrons tous les droits que nous avons perdus. Nous maintenons nos aspirations et nos désirs. Les trente-cinq millions de livres que la Compagnie encaisse, nous les prendrons, nous, pour l'intérêt de l'Égypte.

[...] En quatre ans, nous avons senti que nous sommes devenus plus forts et plus courageux, et comme nous avons pu détrôner le roi le 26 juillet [1952], le même jour nous nationalisons la Compagnie du canal de Suez. Nous réalisons ainsi une partie de nos aspirations et nous commençons la construction d'un pays sain et fort. Aucune souveraineté n'existera en Égypte à part celle du peuple d'Égypte, un seul peuple qui avance dans la voie de la construction et de l'industrialisation, et un bloc contre tout agresseur et contre les complots des impérialistes. [...] Nous sommes aujourd'hui libres et indépendants. Aujourd'hui, ce seront les Égyptiens comme vous qui dirigeront la Compagnie du canal, qui prendront consignation de ses différentes installations, et dirigeront la navigation dans le canal, c'est-à-dire dans la terre d'Égypte.

Nasser est né en 1918 dans une modeste famille d'Alexandrie. Officier de carrière, il participe au renversement du roi Farouk en 1952. Élu président en juin 1956, il entend affirmer l'indépendance politique de l'Égypte tout en relevant le défi du développement. La construction d'un barrage à Assouan permettrait la production d'électricité et favoriserait l'irrigation des terres. Les Américains refusent d'aider Nasser en raison de sa position neutraliste voire socialisante. Alors, le 26 juillet 1956, il annonce la nationalisation du canal de Suez afin de financer ses projets. Le Royaume-Uni est le principal actionnaire du canal qui relie la mer Rouge à la Méditerranée. Ce coup de force marque l'affirmation des pays du Tiers Monde, un an après la conférence de Bandung. Pour le Royaume-Uni et la France, Nasser apparaît comme une menace à la stabilité au Proche-Orient. Ces deux pays déclenchent avec Israël une opération militaire le 29 octobre. Les Américains et les Soviétiques condamnent l'attaque et font voter la première intervention des Casques bleus. Cette prise de position marque la fin du conflit.

Avec cette crise, les Américains s'affirment comme l'acteur majeur au Proche-Orient, remplaçant les Européens. Nasser triomphe même s'il n'a pas réussi à s'imposer militairement. Il devient le chef de file du monde arabe. L'aura du *Raïs* décline après l'échec de la guerre des Six Jours contre Israël en 1967. Il meurt trois ans plus tard mais le « nasserisme », mélange de socialisme arabe et panarabisme, lui survit.

IMRE NAGY

Dernier message radiodiffusé

Budapest, 4 novembre 1956

Ici Imre Nagy, Président du Conseil. Aujourd'hui à l'aube, les troupes soviétiques ont déclenché une attaque contre la capitale avec l'intention évidente de renverser le gouvernement légal de la démocratie hongroise. Nos troupes combattent. Le gouvernement est à son poste. J'en avertis le peuple hongrois et le monde entier. [...]

Ce combat est celui de la liberté du peuple hongrois contre l'intervention soviétique, et je ne serai peut-être plus à mon poste d'ici une à deux heures. Le monde entier va voir comment les forces armées soviétiques, en violation de tous les traités et accords internationaux, sont en train d'écraser la résistance du peuple hongrois. Il va voir comment ils vont kidnapper le Premier ministre d'un pays membre des Nations unies, en l'emmenant hors de sa capitale et ceci ne permet pas de douter qu'il s'agit ici de la forme la plus brutale d'intervention. Je voudrais demander en ces derniers instants aux chefs de la révolution de quitter le pays, s'ils le peuvent. Je demande que tout ce que j'ai dit à la radio, avec l'accord des membres du parlement, soit enregistré dans un mémorandum et que les chefs se tournent vers les peuples du monde entier pour demander de l'aide et expliquer qu'aujourd'hui, c'est le tour de la Hongrie, demain, ou après-demain, ce sera le tour d'autres pays, parce que l'impérialisme de Moscou ne connaît pas de frontières et ne fait que gagner du temps. [...]

Imre Nagy (1896-1958) participe à l'éphémère gouvernement communiste hongrois de Béla Kun en 1919. Il se réfugie en URSS lorsqu'éclate la terreur blanche et ne rentre en Hongrie qu'en 1944. Il occupe alors différents postes politiques. Président du Conseil en 1953, il met en place une politique de réformes libérales ce qui entraîne son exclusion du comité central puis du parti.

Lors du XXᵉ congrès du Parti communiste de l'Union soviétique (PCUS), en février 1956, Khrouchtchev enclenche la déstalinisation. La contestation gagne alors la Pologne puis la Hongrie. L'insurrection éclate le 23 octobre à Budapest et Nagy prend la tête d'un nouveau gouvernement. Il demande le retour au calme, annonce le pluralisme politique, la tenue d'élections libres et la sortie du pacte de Varsovie. Face à cette dissidence qui menace de faire éclater le bloc soviétique, l'URSS envahit la Hongrie le 4 novembre. Imre Nagy lance alors un dernier appel pathétique à la radio avant de se réfugier à l'ambassade de Yougoslavie. Il dénonce dans ce discours le caractère oppressif et brutal du communisme. Contrairement à leurs promesses, les Occidentaux n'interviennent pas en raison de la doctrine de la « coexistence pacifique » et de la crise simultanée de Suez. La répression soviétique est très violente. Nagy est arrêté et emprisonné. Condamné à mort pour haute trahison, il est exécuté deux ans plus tard.

Occultés jusqu'à la transition démocratique du pays en 1989, les « événements d'octobre » et la mémoire de Nagy ont depuis été réhabilités et le 23 octobre est aujourd'hui l'une des trois fêtes nationales en Hongrie.

MAO ZEDONG

La campagne des cent fleurs

27 février 1957

[…] Notre État est un État de dictature démocratique du peuple, dirigé par la classe ouvrière et ayant pour base l'alliance entre les ouvriers et les paysans. À quoi sert cette dictature ? Sa première fonction consiste à réprimer à l'intérieur du pays les classes et groupes réactionnaires, ainsi que les exploiteurs qui s'opposent à la révolution socialiste. […] La deuxième fonction de la dictature consiste à protéger notre pays contre le travail de sape et l'agression éventuelle d'ennemis extérieurs. […]

Notre constitution établit que les citoyens de la République populaire chinoise possèdent des libertés diverses telles que la liberté de la parole, de la presse, de réunion, d'association, de défiler et de manifester, de croyance religieuse, etc. Notre démocratie socialiste est la démocratie la plus large, telle qu'aucun État bourgeois ne saurait en avoir. […] Nous sommes des partisans de la liberté dirigée, et de la démocratie sous une conduite centralisée, mais cela ne signifie nullement qu'on puisse avoir recours à la contrainte pour résoudre les problèmes idéologiques au sein du peuple. […] Toutes sortes de contradictions continuent à exister dans la société socialiste, conformément au besoin pressant de notre pays de développer rapidement son économie et sa culture. […] La mise en œuvre de l'orientation « Que les Cent Fleurs s'épanouissent, que de multiples écoles rivalisent » ne saurait en aucune manière affaiblir la position dirigeante du marxisme dans le domaine idéologique, mais au contraire renforcera cette position. […]

Mao Zedong naît en 1893 dans une famille paysanne aisée. Il participe à la fondation du Parti communiste chinois en 1921 puis en prend la tête en 1935 pendant la « Longue Marche ». À partir de 1946, Mao conquiert le pays par la guerre civile et proclame la République populaire de Chine le 1er octobre 1949. Le Parti communiste au pouvoir bâtit la Chine nouvelle en suivant le modèle politique, idéologique et économique de l'URSS. Mais l'année 1956 marque une rupture. La déstalinisation inaugurée par Khrouchtchev en URSS ébranle les autres pays communistes. Mao redoute de voir le mouvement de contestation gagner la Chine après l'échec du « Petit Bond en avant ». Il lance alors la campagne des « Cent Fleurs » puis s'impose lors de ce long discours du 27 février 1957. Le principe est de redonner une certaine liberté d'expression à la population, tout particulièrement aux intellectuels, pour critiquer le Parti. Si l'objectif officiel est que celui-ci s'améliore, Mao compte bien en profiter pour affaiblir ses adversaires. Cette campagne qui se fait par la voie de journaux muraux et de manifestes ébranle le parti et l'armée. Elle soulève un tel vent de contestation que les dirigeants chinois font marche arrière. Dès l'été, la dissidence est brutalement réprimée. Près d'un demi million de personnes se retrouvent dans des camps de rééducation. La parenthèse de liberté d'expression se referme aussi vite qu'elle s'est ouverte. Les Chinois doivent alors attendre la mort de Mao en 1976 pour connaître une seconde et tout aussi courte période de liberté relative.

PATRICE LUMUMBA
Discours de Léopoldville

Léopoldville (aujourd'hui Kinshasa),
République démocratique du Congo, 30 juin 1960

Congolais et Congolaises,

[...] Cette indépendance du Congo, si elle est proclamée aujourd'hui dans l'entente avec la Belgique, pays ami avec qui nous traitons d'égal à égal, nul Congolais digne de ce nom ne pourra jamais oublier cependant que c'est par la lutte qu'elle a été conquise, une lutte de tous les jours, une lutte ardente et idéaliste [...].

Cette lutte, qui fut de larmes, de feu et de sang, nous en sommes fiers jusqu'au plus profond de nous-mêmes, car ce fut une lutte noble et juste, une lutte indispensable pour mettre fin à l'humiliant esclavage qui nous était imposé par la force.

Ce que fut notre sort en quatre-vingts ans de régime colonialiste, nos blessures sont trop fraîches et trop douloureuses encore pour que nous puissions le chasser de notre mémoire. Nous avons connu le travail harassant exigé en échange de salaires qui ne nous permettaient ni de manger à notre faim, ni de nous vêtir ou nous loger décemment, ni d'élever nos enfants comme des êtres chers.

Nous avons connu les ironies, les insultes, les coups que nous devions subir matin, midi et soir, parce que nous étions des nègres. [...]

Nous allons montrer au monde ce que peut faire l'homme noir quand il travaille dans la liberté, et nous allons faire du Congo le centre de rayonnement de l'Afrique tout entière. [...]

L'indépendance du Congo marque un pas décisif vers la libération de tout le continent africain. [...]

Hommage aux combattants de la liberté nationale !

Vive l'indépendance et l'Unité africaine !

Vive le Congo indépendant et souverain !

Patrice Lumumba naît en 1925 dans une famille paysanne du Congo. Militant anticolonialiste, il fonde en 1958 le mouvement national congolais. En janvier 1959, des émeutes éclatent et la Belgique accorde brusquement l'indépendance à la plus riche des colonies européennes d'Afrique noire. La cérémonie d'indépendance de la République démocratique du Congo se déroule le 30 juin 1960. Elle est marquée par trois allocutions. Baudouin, roi des Belges, prononce un discours paternaliste qui rend hommage à l'œuvre coloniale.

Le discours du nouveau président du Congo, Joseph Kasa-Vubu reste fort convenu. Le dernier discours, non prévu, est celui de Lumumba. Le Premier ministre du Congo indispose Baudouin en s'adressant au peuple congolais et en critiquant en des termes durs la gestion coloniale belge. Il proclame que l'indépendance marque la fin de l'exploitation, de la discrimination et le début d'une ère nouvelle de paix, de justice sociale et de libertés. Mais à peine indépendant, le Congo sombre dans une guerre civile. Centralisateur, Lumumba s'oppose au fédéraliste Kasa-Vubu. Aussi, en juillet, la riche province du Katanga dirigée par Moïse Tshombe fait sécession et proclame son indépendance. Ces divisions dégénèrent en luttes sanglantes et le conflit s'internationalise avec l'intervention des forces belges et des Casques bleus. En janvier 1961, Lumumba qui a demandé l'aide de l'URSS est assassiné. Les troubles prennent fin en 1965, après le coup d'État du général Mobutu, chef de l'armée congolaise, qui règne en despote sur le pays jusqu'en 1997.

JOHN FITZGERALD KENNEDY

Prestation de serment au Capitole

Washington, Capitole, 20 janvier 1961

[...] Que nos amis et que nos ennemis sachent que le flambeau a été passé à une nouvelle génération d'Américains [...]. Que chaque nation sache [...] que nous paierons n'importe quel prix, [...] que nous soutiendrons n'importe quel ami et combattrons n'importe quel ennemi pour assurer la survie et le succès de la liberté.

[...] À ces jeunes États que nous accueillons parmi les États libres, nous promettons que la domination coloniale ne sera pas abolie mais simplement remplacée par une tyrannie plus féroce. [...]

À ces hommes [...] qui luttent pour briser les chaînes de la misère, nous promettons que nous ferons tous nos efforts pour les aider à s'aider eux-mêmes, non pas parce que les communistes le feraient, non pas parce que nous sollicitons leurs suffrages, mais parce que c'est juste.

[...] Aux nations qui voudraient se muer en adversaires, [...] nous leur adressons une requête : que les deux partis en présence entreprennent de nouveau la recherche de la paix, avant que les sombres puissances de destruction engendrées par la science n'entraînent l'humanité dans une destruction organisée ou accidentelle.

[...] C'est une lutte contre les ennemis communs de l'homme : la tyrannie, la pauvreté, la maladie, la guerre elle-même. Pouvons-nous mettre sur pied contre ces ennemis une grande alliance, une alliance globale avec le Nord et le Sud, avec l'Est et l'Ouest, qui assure à toute l'humanité une vie plus réussie ?

[...] Et donc mes chers Américains, ne vous demandez pas ce que votre pays peut faire pour vous, mais demandez ce que vous pouvez faire pour votre pays. [...]

À 43 ans, John Fitzgerald Kennedy devient le trente-cinquième président des États-Unis, le plus jeune élu et le premier à être catholique. Le 20 janvier 1961, il prononce son discours d'investiture. Il n'expose pas son projet de politique intérieure, la « Nouvelle frontière », mais sa vision de la politique mondiale. Ce discours se coule dans la tradition américaine de la *Manifest Destiny*. Les États-Unis, plus ancienne démocratie libérale, portent une mission universaliste : défendre la liberté et les droits de l'homme. Ils sont alors plongés dans la Guerre froide qui oppose le bloc capitaliste au bloc communiste pour la « défense du monde libre ». Le monde est entré dans « l'équilibre de la terreur » et la crainte d'un conflit nucléaire est forte. Pour autant JFK ne s'oppose pas à une coexistence pacifique avec l'URSS mais il tient à endiguer le communisme en Amérique latine et dans les pays nouvellement décolonisés. Ces pays constituent le Tiers Monde qui devient dans les années 1960 un enjeu entre les deux Grands. Les Américains craignent que ces pays sous-développés et sans tradition démocratique se laissent séduire par le modèle soviétique.

Ce discours témoigne de l'optimisme d'une nation à l'apogée de sa puissance. Mais il semble ambitieux pour un pays qui fait face à des difficultés croissantes tant sur son territoire que dans sa politique interventionniste. Le premier secrétaire du Parti communiste de l'Union soviétique (PCUS), Khrouchtchev, le sait bien et, dès l'année suivante teste le jeune Président démocrate en déclenchant la crise de Cuba.

FIDEL CASTRO

Appel aux armes

La Havane, 17 avril 1961

Au peuple de Cuba,

Des troupes venant par air et par mer ont attaqué différents points du territoire national [...]. Les glorieux soldats de l'armée révolutionnaire et la milice nationale combattent l'ennemi partout où il a débarqué. Ils se battent pour défendre notre patrie sacrée et la révolution contre une attaque de mercenaires organisée par le gouvernement impérialiste des États-Unis. Déjà nos troupes, sûres de leur victoire, marchent sur l'ennemi. Le peuple est actuellement mobilisé afin de défendre la patrie et de maintenir la production.

En avant, Cubains, pour répondre par le fer et par le feu aux barbares qui vous méprisent et s'efforcent de vous remettre en esclavage !

Ils sont venus pour reprendre le pays que la révolution a donné aux paysans et aux coopérateurs. [...] Nous luttons pour défendre nos usines, nos raffineries et nos mines.

Ils sont venus reprendre à nos fils et à nos filles des campagnes les écoles que la révolution a ouvertes partout. Nous défendrons les écoles des enfants des paysans.

Ils sont venus enlever aux Noirs la dignité que la révolution leur a rendue. Nous luttons pour conserver à tous la suprême dignité de la personne humaine. [...]

En avant, Cubains ! Que chacun soit à son poste de combat ou de travail. En avant, Cubains ! La révolution est invincible, et contre elle et contre son peuple héroïque tout le monde se brisera. Nous redoublerons plus que jamais nos efforts dans l'ardeur et la fermeté maintenant que des Cubains font le sacrifice d'eux-mêmes au combat.

Viva Cuba libre ! La patrie ou la mort ! Nous vaincrons !

Né en 1926 dans une famille cubaine aisée, Fidel Castro s'empare du pouvoir en 1959, après plusieurs années de lutte armée contre le dictateur Batista, longtemps soutenu par les Américains. Castro ordonne une réforme agraire, nationalise des entreprises étrangères puis proclame la « République socialiste » de Cuba. L'application de mesures sociales très progressistes lui permet de rassembler massivement le peuple cubain autour de lui mais il doit faire face à l'opposition grandissante des États-Unis. Kennedy se laisse convaincre par le patron de la CIA de monter une expédition d'exilés cubains pour renverser Castro. L'opération débute le 15 avril 1961 par un bombardement aérien. Le 17, alors qu'a lieu le débarquement dans la baie des Cochons, Fidel Castro s'adresse à son peuple dans ce discours radiodiffusé. Il rappelle les acquis de la Révolution et lance son cri de guerre, « *Patria o Muerte, venceremos* ». La résistance populaire est massive. Le 19 avril, la victoire cubaine est totale. Castro déclare : « L'impérialisme yankee vient de subir en Amérique latine sa première grande défaite ! » Désormais sur ses gardes, le régime castriste se durcit et se rapproche de l'URSS. Castro cherche aussi à allumer des « foyers révolutionnaires » en Amérique latine et se pose en leader du Tiers Monde.

La disparition de l'URSS en 1991 laisse Castro seul face aux États-Unis. Le « Lider Maximo » doit procéder à une ouverture économique mais son régime dictatorial se maintient. Affaibli par la maladie, il renonce à ses fonctions dirigeantes en 2008.

TITO
La conférence de Belgrade

Belgrade, 1er septembre 1961

La conférence de Bandung, avec les principes qu'elle a arrêtés, a été, après la proclamation de la charte de l'ONU, la première puissante manifestation d'une conception moderne des relations internationales. Ce n'est pas par hasard que ces principes ont été adoptés en Asie, avec le concours des représentants des peuples d'Asie et d'Afrique. C'est en effet sur ces deux continents que vit la majorité de la population de notre planète, ceux qui sont privés de leurs droits, ont subi des siècles durant l'asservissement et la discrimination. [...]

Notre conférence n'a pas pour objet de créer un bloc. Au contraire, elle doit dénoncer l'exclusivisme des blocs, qui est un danger pour la paix mondiale et qui empêche les autres pays de participer, dans la plus complète égalité, au règlement des litiges internationaux. [...]

Qu'il me soit permis de relever ici une erreur que l'on rencontre de temps à autre dans la presse et les commentaires à propos de l'orientation qu'empruntera la conférence des chefs d'États ou de gouvernement des pays non-engagés. On se demande si cette orientation sera pro-occidentale ou pro-orientale. De telles conjectures sont parfaitement oiseuses, car nous ne sommes pas réunis pour nous prononcer sur ce point mais bien pour préciser et harmoniser nos positions sur les grandes questions qui inquiètent aujourd'hui le monde. On verra alors en quoi nos positions divergent et en quoi elles concordent avec celles de l'une ou de l'autre partie.

Josip Broz, dit Tito (1892-1980), devient le chef du parti communiste yougoslave en 1937 puis dirige à partir de 1941 la résistance à l'occupation allemande. À la fin de la guerre, il prend la tête du pays qu'il gouverne de manière autoritaire jusqu'à sa mort. Refusant de s'aligner sur le modèle soviétique, il développe un socialisme original fondé sur l'autogestion. Solidaire des pays du Tiers Monde, Tito participe à la création du mouvement des non-alignés. Suite à la conférence de Bandung en 1955, il reçoit Nehru et Nasser en juillet 1956 à Brioni. Ensemble, ils organisent la conférence de Belgrade qui se tient du 1er au 6 septembre 1961 et accueille vingt-cinq États. Lors du discours d'ouverture, Tito précise les objectifs du non-alignement : rejet de l'ordre bipolaire et recherche d'une troisième voie. Ce neutralisme ne signifie pas pour autant neutralité. Les non-alignés veulent s'exprimer et intervenir dans les affaires mondiales sur un pied d'égalité avec les grandes puissances, au sein des instances internationales comme l'ONU. Ils espèrent aussi profiter de la rivalité entre les deux grands, à l'image du président égyptien Nasser.

Le mouvement des non-alignés s'élargit dans les années 1960 avec l'entrée des nouveaux États africains décolonisés et des pays latino-américains. Leurs revendications prennent une dimension plus économique au début des années 1970. Mais ce mouvement montre alors ses limites face aux difficultés liées au développement, à la diversité croissante des pays du Sud et à la permanence du clivage Est-Ouest.

JOHN FITZGERALD KENNEDY

La crise des missiles

Discours télévisé, 22 octobre 1962

[…] Nous avons eu des preuves incontestables de la construction de plusieurs bases de fusées dans cette île opprimée. Ces sites de lancement ne peuvent avoir qu'un but : la constitution d'un potentiel nucléaire dirigé contre l'hémisphère occidental. Les caractéristiques de ces nouvelles rampes de lancement pour missiles se rapportent à deux types d'installations distincts. Plusieurs de ces bases sont dotées de missiles balistiques de portée moyenne, capables de transporter une tête atomique à quelque deux mille kilomètres. Ce qui signifie que chacune de ces fusées peut atteindre Washington, le canal de Panama, cap Canaveral, Mexico. […] Cette décision soudaine et clandestine d'implanter pour la première fois des armes stratégiques hors du sol soviétique constitue une modification délibérément provocatrice et injustifiée du statu quo, qui ne peut être acceptée par notre pays […].

Nous ne risquerons pas prématurément ou sans nécessité le coût d'une guerre nucléaire mondiale dans laquelle même les fruits de la victoire n'auraient dans notre bouche qu'un goût de cendre, mais nous ne nous déroberons pas devant ce risque. […]

Une stricte « quarantaine » sera appliquée sur tout équipement militaire offensif à destination de Cuba. […] Toute fusée nucléaire lancée à partir de Cuba, contre l'une des quelconques nations de l'hémisphère occidental, sera considérée comme l'équivalent d'une attaque soviétique contre les États-Unis, attaque qui entraînerait des représailles massives contre l'Union soviétique. […]

Dans son discours d'investiture en janvier 1961, Kennedy propose une politique de dialogue avec le dirigeant de l'URSS, Nikita Khrouchtchev. Dans le même temps, il maintient la politique d'endiguement du communisme. En avril 1961, il laisse faire la tentative de débarquement d'exilés cubains dans la « baie des Cochons ». Cette opération vise à renverser Fidel Castro, au pouvoir depuis 1959. C'est un fiasco mais le dictateur cubain, dans la crainte d'un coup d'État, sollicite l'aide de l'URSS. En mai 1962, Khrouchtchev accepte d'envoyer des militaires et des missiles nucléaires sur l'île.

Kennedy est averti le 16 octobre que les Soviétiques sont en train de construire des sites de stockage et de lancement de missiles nucléaires sur Cuba. Aussi, des navires soviétiques porteurs d'ogives font route vers l'île. Le président américain réagit fermement. Le 22 octobre, dans une allocution télévisée diffusée mondialement, il informe ses compatriotes de la situation qu'il dramatise et présente son plan d'action. La riposte est graduée mais le risque de guerre nucléaire est réel.

La détermination de Kennedy fait céder Khrouchtchev et permet une issue pacifique. Les négociations débouchent sur un compromis. Moscou accepte de retirer ses missiles de Cuba. En échange, les Américains s'engagent à ne pas envahir l'île puis promettent de retirer des fusées installées en Turquie. Après cette crise, les relations Est-Ouest entrent dans l'ère de la Détente symbolisée par l'installation en 1963 du « téléphone rouge » qui relie directement les deux chefs d'État.

JOHN FITZGERALD KENNEDY

« Ich bin ein Berliner »

Berlin-Ouest, 26 juin 1963

[…] Il existe beaucoup de gens dans le monde qui ne comprennent vraiment pas, ou qui prétendent ne pas comprendre, quel est l'enjeu qui oppose le monde libre et le monde communiste. Qu'ils viennent à Berlin. Certains disent que le communisme est la voie de l'avenir. Qu'ils viennent à Berlin. Il y en a d'autres qui, en Europe et ailleurs, prétendent que nous pouvons collaborer avec les communistes. Qu'ils viennent à Berlin. […]

Notre liberté éprouve certes beaucoup de difficultés et notre démocratie n'est pas parfaite. Cependant, nous n'avons jamais eu besoin d'ériger un mur pour empêcher notre peuple de s'enfuir. […]

Le mur fournit la démonstration éclatante de la faillite du système communiste. Cette faillite est visible aux yeux du monde entier. Nous n'éprouvons aucune satisfaction en voyant ce mur car il constitue à nos yeux une offense non seulement à l'histoire mais encore une offense à l'humanité. […]

Ce qui est vrai de cette ville l'est aussi de l'Allemagne. Une paix réelle et durable en Europe ne pourra être assurée aussi longtemps que le droit fondamental des hommes libres, celui de choisir librement, sera refusé à un Allemand sur quatre… Quand ce jour viendra enfin, et il viendra, les habitants de Berlin-Ouest pourront être fiers d'avoir été au-devant du combat pendant près de vingt ans. Tous les hommes libres, où qu'ils vivent, sont des citoyens de Berlin, et, c'est pourquoi, en tant qu'homme libre, je suis fier de dire : « Ich bin ein Berliner. »

Berlin est l'un des épicentres de la Guerre froide. Occupée et divisée par les Alliés dès 1945, la ville devient le symbole de l'affrontement entre Occidentaux et Soviétiques. Entre juin 1948 et mai 1949, un blocus terrestre isole Berlin-Ouest qui est ravitaillée par un pont aérien mené par les Occidentaux. En août 1961, un mur infranchissable est construit entre Berlin-Ouest et Berlin-Est par les Russes pour mettre fin à l'exil des Allemands de l'Est.

En juin 1963, Kennedy se rend en RFA, invité par le chancelier Adenauer. Le 26 juin, il est à Berlin-Ouest. La foule lui fait un accueil triomphal. De l'hôtel de ville où siège le bourgmestre Willy Brandt, il adresse un message de solidarité aux Berlinois de l'Ouest. À partir de l'exemple de Berlin, le président américain montre l'échec du communisme et le danger qu'il représente en dépit de la déstalinisation engagée par Khrouchtchev dès 1956. À l'opposé, la démocratie occidentale incarne le monde libre. Pour autant, Kennedy ne cache pas les revers du modèle américain : inégalités sociales et discriminations raciales. C'est donc un discours de combat, huit mois après la crise de Cuba et l'entrée dans une phase de Détente. Kennedy insiste sur le droit de tous les Allemands à l'autodétermination et sur le droit du pays à la réunification. La formule d'envoi est en allemand mais sa valeur est universelle.

Le vœu exprimé par Kennedy d'un retour à la liberté ne se réalise pas avant un quart de siècle. Jusqu'à sa chute le 9 novembre 1989, « le mur de la honte » reste le symbole du rideau de fer et d'un monde bipolaire.

MARTIN LUTHER KING

« I have a dream »

Washington, Lincoln Memorial, 28 août 1963

Il y a un siècle de cela, un grand américain qui nous couvre aujourd'hui de son ombre symbolique signait notre acte d'émancipation. [...] Cent ans ont passé et l'existence du Noir est toujours tristement entravée par les liens de la ségrégation, les chaînes de la discrimination ; cent ans ont passé et le Noir vit encore sur l'île solitaire de la pauvreté, dans un vaste océan de prospérité matérielle [...].

L'Amérique ne connaîtra ni repos, ni tranquillité tant que les Noirs ne jouiront pas de leurs droits civiques. [...] Luttant pour prendre notre juste place, nous ne devrons pas nous rendre coupables d'actes injustes. [...]

Même si nous devons affronter des difficultés aujourd'hui et demain, je fais pourtant un rêve. C'est un rêve profondément ancré dans le rêve américain. Je rêve qu'un jour, cette nation se lèvera et vivra la vraie signification de son credo : « Nous tenons ces vérités pour évidentes que tous les hommes naissent égaux. » Je rêve qu'un jour, sur les rouges collines de Géorgie, les fils des anciens esclaves et les fils des anciens propriétaires d'esclaves pourront s'asseoir ensemble à la table de la fraternité. Je rêve qu'un jour, l'État du Mississippi lui-même, tout brûlant des feux de l'injustice, tout brûlant des feux de l'oppression, se transformera en oasis de liberté et de justice. Je rêve que mes quatre petits-enfants vivront un jour dans un pays où on ne les jugera pas à la couleur de leur peau mais à la nature de leur caractère. [...] Telle est mon espérance. Telle est la foi que je remporterai dans le Sud. [...]

Les années 1950 et 1960 marquent l'apogée du modèle américain. Mais la minorité noire ne profite que peu de la liberté et de la société d'abondance. En 1954, la cour suprême a enclenché le processus de déségrégation mais le Sud résiste à l'abolition des pratiques discriminatoires. C'est là que débute l'action du pasteur Martin Luther King. Il s'est fait connaître par le boycott des bus de Montgomery, en soutien à Rosa Parks, et obtient le respect de la mixité raciale dans les transports. Arrêté et emprisonné à maintes reprises pour son militantisme et ses prises de position dans les médias, il préconise une action non violente, inspirée par Gandhi.

C'est en août 1963 qu'il prononce son plus célèbre discours au terme de la Marche de la Liberté. Il s'adresse à deux cent cinquante mille personnes rassemblées devant le Mémorial de Lincoln, le Père de l'abolition de l'esclavage. Martin Luther King réclame les droits civiques en application des textes fondateurs des États-Unis, la Déclaration d'indépendance et la Constitution. Il reçoit l'année suivante, à 35 ans seulement, le prix Nobel de la paix. Des lois fédérales sont votées et accordent les droits civiques aux Noirs en 1964 et instituent l'« *affirmative action* » (discrimination positive) en 1965.

Mais, devant la lenteur des progrès, certains mouvements du *Black power* veulent des changements plus radicaux. L'Amérique sombre dans la violence : émeutes urbaines à Los Angeles en 1965, assassinats de Malcolm X, leader des *Black Muslims* en 1965, et de Martin Luther King, en 1968 à Memphis.

ERNESTO GUEVARA

Deuxième séminaire de solidarité afro-asiatique

Alger, 22 février 1965

Chers frères,

Cuba participe à cette Conférence, d'abord pour faire entendre à elle seule la voix des peuples d'Amérique, mais aussi en sa qualité de pays sous-développé qui, en même temps, construit le socialisme. [...] Cette conférence est une assemblée de peuples en lutte. [...] La lutte contre l'impérialisme pour rompre les liens coloniaux et néocoloniaux, qu'elle soit menée avec des armes politiques, des armes réelles ou avec les deux à la fois, n'est pas sans lien avec la lutte contre le retard et la misère. [...]

Chaque fois qu'un pays se détache de l'arbre impérialiste, ce n'est pas seulement une bataille partielle gagnée contre l'ennemi principal, c'est aussi une contribution à son affaiblissement réel et un pas de plus vers la victoire finale. [...] La pratique de l'internationalisme prolétarien n'est pas seulement un devoir pour les peuples qui luttent pour un avenir meilleur, c'est aussi une nécessité inéluctable. [...] Nous devons tirer une conclusion de tout cela : le développement des pays qui s'engagent sur la voie de la libération doit être payé par les pays socialistes. [...]

Comment peut-on appeler « bénéfice mutuel » la vente à des prix de marché mondial des produits bruts qui coûtent aux pays sous-développés des efforts et des souffrances sans limites et l'achat à des prix de marché mondial des machines produites dans les grandes usines automatisées qui existent aujourd'hui ? [...] Les pays socialistes ont le devoir moral de liquider leur complicité tacite avec les pays exploiteurs de l'Ouest. [...]

Ernesto Guevara est né en 1928 dans une famille bourgeoise d'Argentine. C'est comme médecin et combattant qu'il s'engage en 1956 auprès des frères Castro pour le renversement du dictateur cubain Batista. Dès la victoire en 1959, il occupe différents postes dans le gouvernement socialiste. Il représente Cuba lors de forums internationaux et c'est à ce titre qu'il participe à ce séminaire économique de solidarité afro-asiatique qui se déroule à Alger en février 1965. Il y tient, le 22 février, son dernier discours sur la scène internationale. Il évoque la nécessité d'aider les pays du Tiers Monde et de construire une alliance entre les pays pauvres pour contrebalancer les puissances américaine et soviétique. Anti-américain de longue date, Ernesto Guevara dévoile ici sa critique du « grand frère » soviétique. Il accuse l'URSS de complicité avec « l'exploitation impérialiste ». Pour le « Che », il n'y a pas de compromis entre socialisme et capitalisme. Il souhaite « créer un, deux, trois Vietnam » pour disperser les forces de l'impérialisme. Or Khrouchtchev mène une politique de « coexistence pacifique » envers le bloc occidental. Ce positionnement embarrasse l'URSS et Castro. Le « Che » part alors mener la révolution au Congo puis en Bolivie. C'est là qu'il est assassiné le 9 octobre 1967, sur les ordres de la CIA, trahi par le Parti communiste bolivien contrôlé par Moscou.

Par la force de ses convictions, la sincérité de son engagement, son intégrité et sa fin tragique, Ernesto Guevara demeure l'une des grandes figures révolutionnaires du XXᵉ siècle.

ALEXANDER DUBČEK

« Ce qui importe aujourd'hui, c'est la normalisation »

Discours radiotélévisé, Prague, 14 septembre 1968

[...] Ce qui importe aujourd'hui, c'est la normalisation, la conso-lidation de la situation et le retrait des forces étrangères du terri-toire de notre République. Ce sont là les dispositions du protocole de Moscou, chacun le sait. Que devons-nous entendre par normalisa-tion ? Certainement, le retour à la vie normale du pays, le renouveau de la vie politique, économique et culturelle, la reprise de l'activité des instances politiques élues démocratiquement par nos travailleurs et encore l'évolution socialiste, le renforcement du rôle directeur de notre parti et de la classe ouvrière. La normalisation, c'est aussi le souci d'éviter tout ce qui pourrait compliquer et aggraver la situa-tion. Nous devons faire en sorte de ne pas laisser le champ libre à des forces qui chercheraient éventuellement à profiter de la situation pour combattre les tendances socialistes.

[...] Vous savez que les dirigeants d'avant janvier n'ont pas observé certains principes marxistes-léninistes en ce qui concerne la conduite du parti communiste. [...] Quand nous avons endossé ce lourd héri-tage, nous avons dit : faisons disparaître ces déformations, l'arbi-traire, l'injustice, érigeons une démocratie socialiste, donnons dans notre pays un visage humain au socialisme. Cela seulement, et rien d'autre, fut l'objectif de notre politique d'après janvier. C'est ce qui nous a permis d'unir notre peuple sur la base du socialisme. L'auto-rité du parti et de ses dirigeants en est sortie grandie. Ce sera aussi notre voie à l'avenir, et nous ne voulons pas la quitter. [...]

Le Parti communiste prend le pouvoir en Tchécoslovaquie lors du coup de Prague de 1948 et n'est que peu touché par la déstalinisation. En janvier 1968, Alexander Dubček (1921-1992) devient secrétaire général du parti communiste tchèque. Il souhaite réaliser un socialisme à visage humain et propose des changements radicaux : affirmation des libertés et droits fondamentaux, multipartisme, reconnaissance de l'égalité des nations tchèque et slovaque, bonnes relations avec les Occidentaux, développement d'une économie plus libérale. Rapidement débordé par les aspirations de ses concitoyens, Dubček ne réussit pas à convaincre l'URSS d'une évolution qui garantisse la pérennité du communisme. Léonid Brejnev énonce alors sa doctrine de la « souveraineté limitée ». En cas de menace contre le socialisme, l'URSS se réserve le droit d'intervenir dans les démocraties populaires. Le 21 août, les troupes du Pacte de Varsovie, excepté celles de Roumanie, interviennent en Tchécoslovaquie. Dubček appelle la population à ne pas prendre les armes et signe, le 26 août, les accords de Moscou qui instaurent la « normalisation ».

Dans ce discours, il présente une conciliation possible entre le Printemps de Prague et la normalisation. Il souhaite rassurer la population ainsi que l'URSS et permettre au plus vite le départ des troupes du Pacte de Varsovie. Il ne convainc pas pour autant Brejnev puisqu'il est remplacé en avril 1969 par le prosoviétique Husák. Mis à l'écart du pouvoir, Dubček ne revient sur la scène politique qu'après la « révolution de velours » de 1989.

WILLY BRANDT

L'Ostpolitik

Berlin-Ouest, Bundestag, 28 octobre 1969

[...] Le but pratique de la politique des prochaines années .est de maintenir l'unité de la nation en veillant à mettre fin à l'état de crispation actuelle qui caractérise les relations entre les deux parties de l'Allemagne. [...] Vingt ans après la fondation de la République fédérale d'Allemagne et de la RDA, nous devons empêcher la nation de se démembrer petit à petit, nous devons aussi chercher à passer d'un face-à-face imposé à une collaboration. Il ne s'agit pas seulement ici d'un intérêt allemand, c'est aussi important pour la paix en Europe et pour les relations Est-Ouest. Notre attitude — et celle de nos amis — à l'égard des relations internationales de la RDA dépend pour une bonne part de l'attitude de Berlin-Est. [...] La reconnaissance, en droit international, de la RDA par le gouvernement fédéral ne peut être envisagée. Même s'il existe deux États en Allemagne, ils ne sont pas pour autant étrangers l'un à l'autre. [...] Le gouvernement fédéral invitera les États-Unis, la Grande-Bretagne et la France à poursuivre énergiquement les négociations entamées avec l'Union soviétique sur l'allègement et l'amélioration de la situation de Berlin. Le statut de la ville de Berlin, placée sous la responsabilité particulière des quatre grandes puissances, doit rester intact. Ceci ne doit pas empêcher de rechercher un moyen pour simplifier la circulation à Berlin et vers Berlin. [...] Berlin-Ouest doit avoir la possibilité de contribuer à l'amélioration des relations politiques, économiques et culturelles entre les deux parties de l'Allemagne. [...]

Willy Brandt, ancien maire de Berlin-Ouest, devient en octobre 1969 le premier chancelier social-démocrate de la RFA. En Europe, l'heure est à la Détente. L'Allemagne divisée depuis l'après-guerre est le théâtre de l'assouplissement des relations Est-Ouest.

Le chancelier présente ici aux députés son programme d'*Ostpolitik* (« ouverture à l'Est ») qu'il mène jusqu'à sa démission en 1974. Conseillé par Egon Bahr, le dirigeant abandonne la doctrine Hallstein de ses prédécesseurs. La RFA n'avait plus de relation diplomatique avec tout État reconnaissant la RDA, l'URSS exceptée. Les traités de Moscou avec l'URSS et de Varsovie avec la Pologne inaugurent l'*Ostpolitik* en 1970. La RFA reconnaît les frontières définies à la fin de la guerre et entérine la perte des provinces allemandes à l'est de la ligne Oder-Neisse. Par des gestes symboliques, Willy Brandt reconnaît aussi la responsabilité allemande dans le génocide juif. Sa génuflexion devant le mémorial du ghetto de Varsovie est un signe fort. Lui-même s'était exilé en Norvège et en Suède sous le IIIe Reich.

En 1971, Willy Brandt reçoit le prix Nobel de la paix alors que débute la réconciliation avec la RDA par des accords de libre-circulation de la RFA vers Berlin. Le traité fondamental, signé en décembre 1972, normalise les relations entre les deux Allemagne qui entrent ensemble à l'ONU en 1973. À l'échelle du continent, la Détente se matérialise par l'ouverture en 1973 de la Conférence sur la sécurité et la coopération en Europe (CSCE) qui aboutit aux accords d'Helsinki deux ans plus tard.

SALVADOR ALLENDE

« L'Histoire est à nous, c'est le peuple qui la fait ! »

Radio Magallanes, Chili, 11 septembre 1973

[...] Je paierai de ma vie la défense des principes qui sont chers à cette patrie. [...] L'Histoire ne s'arrête pas, ni avec la répression, ni avec le crime. C'est une étape à franchir, un moment difficile. Il est possible qu'ils nous écrasent mais l'avenir appartiendra au peuple, aux travailleurs. [...]

L'Histoire est à nous, c'est le peuple qui la fait ! [...]

Je m'adresse aux Chiliens, ouvriers, paysans, intellectuels, à tous ceux qui seront persécutés, car dans notre pays le fascisme est présent depuis un bon moment. [...] Face au silence de ceux qui avaient l'obligation d'intervenir, l'Histoire les jugera.

Ils vont sûrement faire taire Radio Magallanes et vous ne pourrez plus entendre le son métallique de ma voix tranquille. Peu importe. Vous continuerez à m'écouter, je serai toujours près de vous. Au moins vous aurez le souvenir d'un homme digne, loyal à la Patrie.

Le peuple doit se défendre, mais pas se sacrifier. Il ne doit pas se laisser écraser, mais pas non plus se laisser humilier. Travailleurs de ma Patrie, j'ai confiance dans le Chili et en son destin. D'autres hommes dépasseront ce moment gris et amer où la trahison prétend s'imposer. Allez de l'avant en sachant que bientôt s'ouvriront de grandes avenues où passera l'homme libre pour construire une société meilleure.

Vive le Chili ! Vive le peuple ! Vive les travailleurs ! Ce sont mes dernières paroles, j'ai la certitude que le sacrifice ne sera pas vain et qu'au moins ce sera une punition morale pour la lâcheté et la trahison.

Le 11 septembre 1973, près de trois ans après sa première allocution en tant que président du Chili, Salvador Allende adresse un dernier discours au pays avant de se suicider, à l'âge de 65 ans. Le palais présidentiel de la Moneda à Santiago est la cible d'un coup d'État militaire mené par le général Augusto Pinochet.

Salvador Allende, médecin issu de la bourgeoisie aisée, est élu président en 1970 et veut instaurer le socialisme par la voie démocratique. Face à une droite majoritaire au Parlement, il légifère par décret. Il nationalise les grandes entreprises du pays (les banques et les mines de cuivre) et engage une réforme agraire. Cette politique va à l'encontre des intérêts américains, en lutte contre le communisme. Les États-Unis de Nixon entretiennent la déstabilisation du pays qui plonge dans une grave crise politique, économique et sociale. Allende perd le soutien des classes moyennes. Les commandants de l'armée de l'air et de la marine passent à l'action. Le coup d'État débute le 11 septembre au matin. Allende ne fuit pas et s'adresse une dernière fois aux Chiliens par la voix d'une radio libre. Il rend hommage au peuple et l'exhorte au courage. Après sa mort, la répression s'abat sur ses partisans.

Pinochet établit une dictature militaire et dirige le pays jusqu'en 1990, en appliquant une politique néolibérale soutenue par Washington. Il meurt en 2006 à l'âge de 91 ans, sans même avoir été jugé. La même année, la socialiste Michelle Bachelet, torturée sous sa dictature, devient présidente du Chili.

RICHARD NIXON

« Je démissionnerai de la présidence demain à midi »

Washington, 8 août 1974

[…] Dans toutes les décisions que j'ai prises dans ma vie politique, j'ai toujours essayé de faire ce qui était le mieux pour le pays. À travers la longue et difficile période du Watergate, j'ai estimé qu'il était de mon devoir de persévérer, de faire tous les efforts possibles pour mener à terme le mandat pour lequel vous m'avez élu. Dans les derniers jours pourtant, il m'a paru évident que je n'avais plus de soutien politique assez fort pour justifier de cet effort. […] Donc, je démissionnerai de la présidence demain à midi. Le vice-président Ford prêtera le serment de Président à la même heure dans ce bureau.

[…] Ces années ont été une importante période de l'histoire de notre pays et du monde. Nous avons mis fin à la guerre la plus longue qu'ait connu l'Amérique. Mais l'œuvre qui consiste à assurer une paix durable dans le monde est encore bien plus grande et plus difficile à réussir. […]

Nous avons rouvert les portes qui, pendant un quart de siècle, ont séparé les États-Unis et la République populaire de Chine. Nous devons maintenant agir pour que le quart de la population mondiale qui vit en République populaire de Chine soit ou reste non notre ennemi, mais notre ami.

[…] Ensemble, avec l'Union soviétique, nous avons fait des percées décisives qui ont entamé le processus de la limitation des armes nucléaires. […] Nous devons continuer à développer et à élargir ces nouvelles relations pour que les deux nations les plus fortes du monde vivent en coopération plutôt qu'en confrontation. […]

De la présidence de Richard Nixon, on retient surtout sa démission, suite au scandale du Watergate. Cette affaire d'espionnage débute en 1972 par l'arrestation de cambrioleurs qui installaient des micros dans les locaux du Parti démocrate, l'immeuble du Watergate, à Washington. Deux journalistes du *Washington Post* révèlent l'implication du Président républicain. Nixon est néanmoins facilement réélu en 1972.

L'enquête se poursuit et révèle des faits si graves que le Congrès enclenche la rarissime procédure d'*impeachment*. Nixon pourrait être destitué pour fait d'obstruction à la justice, d'abus de pouvoir et outrage au Congrès. Il se résigne alors à démissionner. Annonçant son départ dans un discours télévisé, Nixon justifie ses actes et dresse un bilan positif de son mandat. Il occulte l'entrée en récession de l'économie américaine et se concentre sur le règlement des tensions internationales, en premier lieu la guerre du Vietnam. Les Américains signent les accords de paix en 1973 mais sortent gravement affaiblis de ce conflit, ce que Nixon évite de rappeler. Envers l'URSS, Nixon poursuit la politique de la « détente ». Conseillé par Henry Kissinger, il suit le principe du *linkage* (articulation) qui consiste à lier tous les problèmes. Aussi, les États-Unis se rapprochent de la Chine communiste de Mao pour affaiblir le poids de l'URSS.

Nixon met en avant ses « succès » en politique étrangère et n'aura de cesse, une fois écarté du pouvoir de redorer la mémoire de ses cinq ans et demi de présidence.

JIMMY CARTER
La politique des bons sentiments

Discours d'ouverture à l'université Notre-Dame,
Indiana, 22 mai 1977

[…] Le monde connaît aujourd'hui la mutation la plus profonde et la plus rapide de toute son histoire. C'est un monde nouveau qui appelle, de la part des États-Unis, l'application d'une politique étrangère nouvelle. [...] Tout d'abord, notre politique doit refléter l'engagement fondamental pris par notre peuple de promouvoir la cause des droits de l'Homme. Ensuite, elle doit être fondée sur l'étroite coopération entre les démocraties industrielles ; en effet, nous sommes attachés aux mêmes valeurs et, ensemble, nous pouvons contribuer à améliorer le mode de vie de tous.

Notre politique, fondée sur de puissants moyens de défense, doit également chercher à améliorer nos rapports avec l'Union soviétique et la Chine, de façon à en étendre la portée et à leur donner un caractère de plus grande réciprocité. Même si nous ne pouvons supprimer les divergences idéologiques, nous devons parvenir à des accommodements réduisant les risques de guerre.

Notre politique doit également venir en aide aux pays en voie de développement, afin d'alléger leurs souffrances et de combler, autant que faire se peut, le fossé qui sépare riches et pauvres dans le monde.

Enfin, notre politique doit encourager tous les pays à dépasser l'étroitesse de leurs intérêts nationaux et à travailler ensemble pour résoudre des problèmes mondiaux aussi redoutables que la menace d'une guerre nucléaire, les haines raciales, la course aux armements, les dommages à l'environnement, la faim et la maladie.

Officier de l'armée américaine puis exploitant de la plantation familiale d'arachide, Jimmy Carter est successivement sénateur, puis gouverneur de Géorgie. En 1976, à 52 ans, il est élu à la présidence contre le républicain Gerald Ford, en promettant aux Américains un gouvernement moral, suite au scandale du Watergate.

Jimmy Carter prononce ce discours quelques mois après sa prise de fonction. Ce démocrate, convaincu qu'il faut restaurer l'image des États-Unis, prône une politique respectueuse des droits de l'homme. Ainsi, il retire son soutien aux dictatures sud-américaines. Il annonce également une détente avec l'URSS. Des négociations aboutissent à la signature des accords SALT 2 qui prévoient la limitation des lance-missiles et des bombardiers stratégiques.

S'il remporte un grand succès en parrainant la paix entre Israël et l'Égypte (accords de Camp David), il rencontre aussi de grandes difficultés avec les débuts de la crise économique et la reprise de l'expansion soviétique. L'URSS envahit l'Afghanistan en 1979. Carter réagit avec fermeté : embargo sur les ventes de céréales, boycott des Jeux olympiques de Moscou en 1980, non ratification du traité SALT 2. En 1979 également, Carter est confronté à la révolution islamique qui renverse le Shah d'Iran et amène au pouvoir l'ayatollah Khomeyni. La prise d'otages à l'ambassade américaine de Téhéran est une véritable humiliation.

La popularité de Carter ne cesse de baisser. Aussi, lors des élections présidentielles de novembre 1980, son adversaire républicain Ronald Reagan est facilement élu.

DENG XIAOPING

Les quatre modernisations

11ᵉ Congrès du Parti communiste chinois, 19 août 1977

[…] D'ici 1980, notre pays devra avoir établi un système industriel et un système d'économie nationale indépendants et relativement complets. La mécanisation de l'agriculture devra être accomplie pour l'essentiel, la production de l'agriculture [...] devra enregistrer un accroissement sensible. [...] Dans le secteur industriel, il faut assurer l'essor de l'industrie légère et, en même temps, accélérer vigoureusement le rythme du développement des industries de base. [...]

Il faut assurer l'élévation progressive du niveau de vie du peuple sur la base de l'accroissement de la production. Les conditions de vie de notre peuple sont bien meilleures que celles d'avant la Libération, mais leur niveau est encore bas. [...]

Il faut développer la démocratie et raffermir le centralisme démocratique.

Au sein du peuple, on ne peut se passer de liberté, mais on ne peut non plus se passer de discipline ; on ne peut se passer de démocratie, mais on ne peut non plus se passer de centralisme. [...]

Le monde entier verra que dans la voie de la continuation de la révolution sous la dictature du prolétariat, le Parti communiste chinois et le peuple chinois, armés du marxisme, du léninisme, de la pensée de Mao Zedong, sont capables non seulement de vaincre les ennemis de l'intérieur et de l'extérieur et de défendre la dictature du prolétariat, mais aussi d'édifier un grand et puissant État socialiste doté d'une agriculture, d'une industrie, d'une défense nationale, d'une science et d'une technique modernes, pour apporter une plus grande contribution à l'humanité. [...]

Deng Xiaoping est né en 1904 dans une famille de fermiers du Sichuan. En 1920 son père l'envoie se former en France. Devenu ouvrier, il découvre le marxisme et devient communiste. Il rentre en Chine fin 1926 puis participe aux principaux épisodes de la conquête du pouvoir par Mao comme la Longue Marche. Son ascension politique le conduit au gouvernement central. Deng Xiaoping devient secrétaire général du Parti communiste chinois (PCC) en 1954 puis en est exclu pendant la Révolution culturelle. Il revient au pouvoir dans le sillage de Zhou Enlai qu'il avait rencontré en France et s'impose à la mort de Mao en 1976.

L'année suivante, lors du 11e congrès du PCC, Deng Xiaoping présente la politique des « quatre modernisations ». Elle concerne l'agriculture, l'industrie, la recherche et la défense. Le nouveau leader chinois veut effacer les effets de la Révolution culturelle. Il ambitionne de rattraper le niveau technique et économique des pays développés, à l'image des « dragons » asiatiques. Les terres sont décollectivisées et le secteur privé apparaît. La création des zones économiques spéciales (ZES) relance la croissance économique en favorisant l'investissement de capitaux étrangers, souvent issus de la Diaspora. La Chine devient un « pays atelier ». Mais le « socialisme de marché » ne s'accompagne pas du libéralisme politique. En 1979, puis en 1989 place Tian'an-men, les étudiants réclament la « cinquième modernisation », celle du régime. « Le petit timonier » quitte ses fonctions la même année mais reste influent jusqu'à son décès en 1997.

ANOUAR EL-SADATE
Discours devant la *Knesset*

Jérusalem, 20 novembre 1977

Paix à tous sur la terre arabe, en Israël, et partout dans ce vaste monde. [...]

Je suis venu à vous aujourd'hui d'un pas ferme afin que nous puissions construire une vie nouvelle, afin que nous puissions établir la paix pour tous sur cette terre, la terre de Dieu – nous tous, musulmans, chrétiens et juifs. [...] Pourquoi laisserions-nous aux générations futures un héritage de sang et de mort, des orphelins, des veuves, des familles brisées et les gémissements des victimes ? [...]

Je vous dis, en vérité, que la paix ne sera réelle que si elle est fondée sur la justice et non sur l'occupation des terres d'autrui. Il n'est pas admissible que vous demandiez pour vous-mêmes ce que vous refusez aux autres. Franchement, dans l'esprit qui m'a poussé à venir aujourd'hui chez vous, je vous dis : vous devez abandonner une fois pour toutes vos rêves de conquêtes. Vous devez abandonner aussi la croyance que la force est la meilleure façon de traiter avec les Arabes. Vous devez comprendre les leçons de l'affrontement entre vous et nous. L'expansion ne vous apportera aucun bénéfice. [...] Qu'est-ce que la paix pour Israël ? Vivre dans la région avec ses voisins arabes en sûreté et en sécurité. A cela, je dis oui. Vivre à l'intérieur de ses frontières, à l'abri de toute agression. À cela je dis oui. [...]

Il y a de la terre arabe qu'Israël a occupée et qu'il continue à occuper par la force des armes. Nous insistons sur un retrait complet de ce territoire arabe, y compris Jérusalem arabe. [...]

À la mort de Nasser en 1970, son plus proche collaborateur, Sadate, devient président. Né en 1918 dans une famille modeste du delta du Nil, c'est un officier de carrière qui, comme Nasser, a participé au renversement de la monarchie. Mais une fois au pouvoir, il s'efforce d'effacer toute trace du nassérisme. Il veut aussi relever l'Égypte de sa défaite contre Israël lors de la guerre des Six Jours en 1967. La Guerre du Kippour, en octobre 1973, met fin au mythe de l'invincibilité de *Tsahal*.

En 1977, les tensions sont fortes dans la région : terrorisme palestinien, guerres du Liban, émeutes sociales en Égypte. C'est alors que le *raïs* décide de se rendre en Israël. Il est le premier chef d'État arabe à le faire. Accueilli par le Premier ministre Begin, il se rend à la mosquée al-Aqsa, au Saint-Sépulcre et au mémorial Yad Vachem. Enfin, il prononce en arabe ce discours au Parlement, la *Knesset*, en faveur d'une paix « permanente et juste » au Proche-Orient. Il reconnaît ainsi l'État hébreu mais pose des conditions : évacuation des territoires occupés depuis 1967, statut de ville libre pour Jérusalem, création d'un État palestinien. Dans sa réponse, Begin se montre inflexible. Pourtant, un an plus tard, les deux pays normalisent leurs relations avec les accords de Camp David. À ce titre, les deux dirigeants reçoivent le prix Nobel de la paix.

Contesté au sein du monde arabe pour sa politique de rapprochement avec les États-Unis et Israël, Sadate est assassiné en 1981 par des islamistes radicaux. Hosni Moubarak lui succède et reste au pouvoir pendant trente ans.

JEAN-PAUL II

Discours aux autorités civiles polonaises

Varsovie, Palais du Belvédère, 2 juin 1979

[…] La paix et le rapprochement des peuples ne pourront se construire que sur la base du respect des droits objectifs de la nation, qui sont : le droit à l'existence, à la liberté, à être un sujet sociopolitique et le droit à former sa propre culture, sa propre civilisation. […]

L'histoire de la Pologne a confirmé d'une manière éminente que, dans notre patrie, l'Église a toujours cherché, par diverses voies à former des fils et des filles de valeur pour la nation, de bons citoyens et des travailleurs utiles et créateurs dans les divers domaines de la vie sociale, professionnelle, culturelle. Et cela découle de la mission fondamentale de l'Église qui a toujours et partout l'ambition de rendre l'homme meilleur, plus conscient de sa dignité, plus dévoué à ses engagements familiaux, sociaux, professionnels, patriotiques. De rendre l'homme plus confiant, plus courageux, conscient de ses droits et de ses devoirs, socialement responsable, créateur et utile. Pour cette activité, l'Église ne désire pas de privilèges, mais seulement et exclusivement ce qui est indispensable à l'accomplissement de sa mission. […] Le siège apostolique cherche un accord en ce domaine avec les autorités de l'État. […] Un tel accord correspond aux raisons historiques de la nation dont les fils et les filles dans leur très grande majorité, sont fils et filles de l'Église catholique. […]

Je continuerai à ressentir en mon cœur tout ce qui pourrait menacer la Pologne, tout ce qui pourrait lui nuire ou lui porter préjudice c'est-à-dire tout ce qui pourrait signifier une stagnation ou une crise. […]

Karol Wojtyla est né à Wadowice, près de Cracovie en 1920. Élu pape en octobre 1978, c'est le premier souverain pontife non italien depuis la Renaissance.

Durant son pontificat, Jean-Paul II multiplie les voyages au cours desquels il appelle à une « nouvelle évangélisation » et où il défend les droits de l'homme au nom de la doctrine sociale de l'Église. Sa première visite en Pologne a lieu en juin 1979. Plus du tiers de la population se déplace pour le voir, le suivre ou l'écouter. Le 2 juin, il s'adresse au gouvernement communiste. Son discours est courtois mais ferme. Il revendique plus de démocratie et rappelle l'importance de la religion catholique dans son pays. Un an plus tard, débute à Gdansk la révolte pacifique des ouvriers, dirigée par Lech Wałęsa. Ce mouvement entraîne la naissance du syndicat Solidarnosc. L'état d'urgence en 1981 entraîne sa dissolution et les principaux leaders du mouvement sont emprisonnés. Jean-Paul II condamne cette « atteinte aux droits de l'homme » et revient deux fois en Pologne avant la chute du communisme, en 1983 et en 1987. Sa personnalité et son action ont contribué à ébranler cette démocratie populaire.

Le pontificat de Jean-Paul II se caractérise aussi par un rapprochement avec les autres religions et le développement de l'œcuménisme. Très critique à l'égard de l'évolution des mœurs, il condamne avec vigueur l'avortement et la contraception. Jean-Paul II décède au Vatican, le 2 avril 2005, à l'âge de 84 ans. Il a été canonisé le 27 avril 2014.

JUAN CARLOS DE BOURBON

Message durant la tentative de coup d'État

Message télévisé, 24 février 1981

Au moment de m'adresser à tous les Espagnols, avec brièveté et concision étant donné les circonstances extraordinaires que nous sommes en train de vivre, je demande à tous la plus grande sérénité et la confiance, et leur fais savoir que j'ai communiqué aux capitaines généraux des régions militaires, des zones maritimes et aériennes, l'ordre suivant :

« Face à la situation provoquée par les événements qui se sont déroulés au palais du congrès, et pour éviter toute confusion, je confirme que j'ai ordonné aux autorités civiles et au comité des chefs d'État-major de prendre toutes les mesures qui s'imposent pour maintenir l'ordre constitutionnel dans le cadre légal actuel ».

Toute mesure de caractère militaire qui, le cas échéant, pourrait devoir être adoptée devra recevoir l'approbation du comité et des chefs d'État-major.

La Couronne, symbole de la permanence et de l'unité de la patrie, ne saurait tolérer, en aucune façon, des actions ou des attitudes de personnes qui prétendraient interrompre par la force le processus démocratique que la Constitution votée par le peuple espagnol a fixé en son temps au moyen d'un référendum.

Né en 1938 à Rome, Juan Carlos est le petit-fils d'Alphonse XIII. En 1975, à la mort de Franco, il accède au trône d'Espagne. Il inaugure la « transition démocratique » avec le chef du gouvernement, Adolfo Suárez : légalisation des partis politiques, organisation d'élections législatives libres, mise en place de la régionalisation. La Constitution de 1978 fait de l'Espagne une monarchie constitutionnelle et parlementaire. Le roi est garant de l'unité nationale et de la loyauté de l'armée. Les oppositions n'ont cependant pas cessé de se manifester et le pays doit faire face à des difficultés économiques et au terrorisme basque. Mais Juan Carlos parvient à surmonter les crises. Le 23 février 1981, jour de l'investiture du nouveau chef du gouvernement, Calvo Sotelo, des officiers de l'armée, nostalgiques du franquisme, tentent un coup d'État. Un groupe de gardes civils avec à leur tête le lieutenant-colonel Antonio Tejero prennent d'assaut les *Cortes* et retiennent les députés en otages. Le roi ne cède pas et s'assure lui-même de la fidélité des commandants militaires. À 1 heure du matin, il intervient à la télévision, en uniforme de capitaine général des armées. Il précise dans son court message les ordres qu'il a donnés afin de contrer le putsch et affirme son attachement à la Constitution. Dès lors, le coup d'État est considéré comme avorté et les rebelles se rendent dans la matinée. Juan Carlos, contrairement à l'image qu'il donnait, a su faire preuve de fermeté. Son attitude lui a valu la considération de la population espagnole.

RONALD REAGAN

L'Empire du Mal

Discours devant la convention annuelle de l'Association nationale des Évangélistes, Orlando, Floride, 8 mars 1983

[…] Nous ne mettrons jamais en péril nos principes et nos critères moraux. Nous n'abdiquerons jamais notre liberté. Nous n'abandonnerons jamais notre foi en Dieu. Et nous ne cesserons jamais de rechercher une paix véritable. Mais nous ne pourrons défendre aucune des idées chères à l'Amérique par les prétendues solutions de gel nucléaire prônées par certains. La vérité est qu'un tel gel aujourd'hui serait une tromperie dangereuse, car il ne s'agirait que de l'illusion de la paix. La vérité, c'est que nous devons rechercher et obtenir la paix par la force. [...] Rechercher naïvement la conciliation avec nos adversaires n'est que folie. Cette attitude reviendrait à trahir notre passé et à dilapider notre liberté. En conséquence, je vous encourage à vous élever contre ceux qui chercheraient à placer les États-Unis dans une position d'infériorité militaire et morale. […] Je vous exhorte à vous défier de la tentation de l'orgueil, de cette tentation qui consisterait à vous décréter allégrement au-dessus de la bataille, à décider que les deux camps sont également coupables, à ignorer les faits de l'Histoire et les pulsions agressives de l'Empire du Mal, à vous contenter de dire que la course aux armements n'est qu'un vaste malentendu et par là même à vous soustraire au combat entre le juste et le faux, le bien et le mal. [...] Je crois que nous relèverons le défi. Je crois que le communisme n'est qu'un chapitre supplémentaire, triste et bizarre, de notre Histoire dont les dernières pages sont en train de s'écrire sous nos yeux. […]

Le 8 mars 1983, Ronald Reagan (1911-2004) s'adresse à une convention de pasteurs à Orlando. Cet ancien acteur et gouverneur de Californie a été élu 40ᵉ Président des États-Unis en 1980, face à Jimmy Carter, sur un programme néolibéral, conservateur et très hostile à l'URSS. Les États-Unis doutent alors de leur puissance et l'URSS apparaît conquérante.

Reagan place ici l'affrontement entre les deux Grands sur le plan de la morale religieuse, opposant le Bien et le Mal. Le Président lance une véritable « croisade » contre l'URSS. C'est la « guerre fraîche » après plusieurs années de « Détente ». Il renforce l'arsenal nucléaire et conventionnel et fait installer des missiles à moyenne portée (Pershing II) en Europe de l'Ouest, face aux missiles SS20 que les Soviétiques ont installé en Europe de l'Est. C'est la bataille des Euromissiles. Peu de temps après ce discours, il présente le programme de bouclier spatial antibalistique, l'initiative de défense stratégique (IDS) dite « guerre des étoiles ». La course aux armements est à son comble et entraîne les deux Grands dans des dépenses considérables. Reagan est confortablement réélu en 1984 avec le slogan « *America is back* ». Les Soviétiques, conduits par Gorbatchev dès 1985, sont incapables de suivre sur le plan technologique et financier. En 1987, Reagan et Gorbatchev signent des accords de désarmement à Washington. Peu après, l'URSS, en décomposition, abandonne son bloc. La Guerre froide s'achève avec la victoire des États-Unis, sous la présidence de George Bush, vice-président de Reagan pendant ses deux mandats.

RUHOLLAH KHOMEYNI

Message aux pèlerins de La Mecque

La Mecque, 28 juillet 1987

[…] Notre slogan « Ni Est ni Ouest » est le slogan fondamental de la révolution islamique dans le monde des affamés et des opprimés. Il situe la véritable politique non alignée des pays islamiques et des pays qui accepteront l'islam comme la seule école pour sauver l'humanité dans un proche avenir, avec l'aide de Dieu. Il n'y aura pas de déviation, même d'un iota, de cette politique. Les pays islamiques et le peuple musulman ne doivent dépendre ni de l'Ouest – de l'Amérique ou de l'Europe –, ni de l'Est – de l'URSS.

Aujourd'hui, notre désaveu des païens est notre cri contre les injustices des oppresseurs et les pleurs d'une nation qui en a assez des agressions de l'Est et de l'Ouest, ce dernier dirigé par l'Amérique et ses laquais. [...]

Une fois de plus, je souligne le danger de répandre la cellule maligne et cancérigène du sionisme dans les pays islamiques. J'annonce mon soutien sans limite, ainsi que celui de la nation et du gouvernement de l'Iran, à toutes les luttes islamiques des nations islamiques et de l'héroïque jeunesse musulmane pour la libération de Jérusalem. [...] Je prie pour le succès de tous les bien-aimés qui, usant de l'arme de la foi et du djihad, portent des coups à Israël et à ses intérêts. [...]

Avec confiance, je dis que l'islam éliminera l'un après l'autre tous les grands obstacles à l'intérieur comme à l'extérieur de ses frontières et fera la conquête des principaux bastions dans le monde. Ou nous connaîtrons tous la liberté, ou nous connaîtrons une liberté plus grande encore, qui est le martyre.

Ruhollah Khomeyni (1902-1989) est un *ayatollah*, un membre du haut clergé chiite. Favorable à un rôle politique du clergé, il critique la politique d'occidentalisation menée par le Shah d'Iran. Il est exilé en Irak (1964) puis en France (1978) d'où il appelle à la révolution en Iran. Il rentre triomphalement à Téhéran le 1ᵉʳ février 1979 et fonde une République islamique qu'il dote d'une Constitution autoritaire et centralisatrice. Il fait appliquer la *charia* et muselle toute opposition.

Quand Khomeyni s'exprime à La Mecque lors du Grand Pèlerinage de 1987, le conflit avec l'Irak qui a débuté en 1980 n'est toujours pas terminé. Le Proche-Orient est aussi marqué par le déclenchement de la première *Intifada* menée par les adolescents palestiniens dans les territoires occupés, alors que s'intensifie la politique de colonisation d'Israël. Khomeyni appelle à une interprétation belliciste du *djihad* en invitant les *moudjahidin* à devenir martyrs contre Israël. Le texte est d'une rare violence et outrageusement antisémite. Cette lutte est aussi dirigée contre les États-Unis. L'exil du Shah en Amérique entraîne d'ailleurs la prise d'otages durant quatre cent quarante-quatre jours de l'ambassade américaine de Téhéran sous la présidence de Carter. Khomeyni s'oppose enfin à l'URSS qui occupe l'Afghanistan depuis 1979.

Le « Guide suprême de la Révolution » veut incarner la lutte des non-alignés. L'islamisme qu'il prône est une alternative à la bipolarisation du monde mais annonce bien davantage le nouveau « désordre mondial » qui suit la fin de la Guerre froide.

TENZIN GYATSO

Plan de paix en cinq points

Washington, Congrès des États-Unis, 21 septembre 1987

[…] Le peuple tibétain désire ardemment contribuer à la paix dans la région et dans le monde et je crois qu'il se trouve dans une position exceptionnelle lui permettant d'atteindre cet objectif. […] Alors que se poursuit l'occupation militaire du Tibet par la Chine, le monde doit garder présent à l'esprit que, bien que les Tibétains aient perdu leur liberté, du point de vue du droit international, le Tibet reste aujourd'hui un état indépendant soumis à une occupation illégale. […] Nous, Tibétains, sommes un peuple distinct possédant notre propre culture, langue, religion et histoire. […]

Au lieu d'aborder les vraies questions concernant les six millions de Tibétains, la Chine a tenté de réduire le problème du Tibet à une discussion à propos de mon statut personnel. […] Je souhaite dans un esprit d'ouverture et de conciliation, faire un premier pas vers une solution à long terme. […] Ce plan de paix contient cinq éléments fondamentaux :

1. Transformation de l'ensemble du Tibet en une zone de paix.

2. Abandon par la Chine de sa politique de transfert de population qui met en danger l'existence des Tibétains en tant que peuple.

3. Respect des droits fondamentaux et des libertés démocratiques du peuple tibétain.

4. Restauration et protection de l'environnement naturel du Tibet, ainsi que cessation par la Chine de sa politique d'utilisation du Tibet dans la production d'armes nucléaires et pour y ensevelir des déchets nucléaires.

5. Engagement de négociations sérieuses à propos du statut futur du Tibet et des relations entre les peuples tibétain et chinois. […]

Tenzin Gyatso est le 14ᵉ et dernier dalaï-lama (« océan de sagesse » en mongol). Né en 1935, il est intronisé en 1950, un mois après l'intervention de l'Armée populaire de libération chinoise au Tibet. Pour Pékin, le Tibet n'est qu'une province de la Chine, le Xizang, qu'il faut siniser. Le Tibet a été soumis à une communisation brutale qui connaît son apogée avec la Révolution culturelle (1966-1976) : pillage et destruction de monastères bouddhiques par les « gardes rouges », persécution de milliers de moines et de lamas.

Le dalaï-lama, qui vit en exil en Inde, est resté le chef de cette théocratie religieuse jusqu'à sa retraite politique en 2011. Après la déclaration de Deng Xiaoping en 1979 affirmant « qu'à l'exception de l'indépendance, tous les problèmes pourraient trouver une solution par la négociation », le dalaï-lama demande non plus l'indépendance mais une autonomie réelle du Tibet au sein de la Chine. Sans succès. En 1987, il fait alors une déclaration à la Commission des droits de l'homme du Congrès des États-Unis pour proposer ce plan de paix en cinq points. Ses propositions entraînent un nouveau cycle de manifestations de Tibétains, réprimé par les autorités chinoises. En 1989, Tenzin Gyatso obtient le prix Nobel de la paix pour sa recherche de « solutions pacifiques basées sur la tolérance et le respect mutuel dans le but de préserver l'héritage culturel et historique de son peuple ». Cette reconnaissance marque le début d'une prise de conscience internationale de l'urgence d'une solution pacifique pour le Tibet.

MARGARET THATCHER

La Grande-Bretagne et l'Europe

Bruges, 20 septembre 1988

[...] Une coopération volontaire et active entre États souverains indépendants est le meilleur moyen de construire une communauté européenne réussie. Il serait hautement préjudiciable de tenter de supprimer la nationalité et de concentrer le pouvoir au centre d'un conglomérat européen ; en outre cela compromettrait les objectifs que nous poursuivons. L'Europe sera plus forte si elle compte précisément en son sein la France en tant que France, l'Espagne en tant qu'Espagne, la Grande-Bretagne en tant que Grande-Bretagne, chacune avec ses coutumes, traditions et particularités. [...]

Certains des pères fondateurs pensaient que les États-Unis d'Amérique pourraient servir de modèle. Mais toute l'histoire de l'Amérique est très différente de celle de l'Europe. [...]

Je suis la première à dire que les pays d'Europe devraient parler d'une seule voix sur de nombreuses grandes questions. Je voudrais nous voir coopérer plus étroitement dans les domaines où nous pouvons faire mieux ensemble que seuls. L'Europe est alors plus forte, qu'il s'agisse de commerce, de défense ou de nos relations avec le reste du monde. Mais coopérer plus étroitement n'exige pas que le pouvoir soit centralisé à Bruxelles, ni que les décisions soient prises par une bureaucratie en place par voie de nomination. [...] Si nous avons réussi à faire reculer chez nous les frontières de l'État, ce n'est pas pour les voir réimposées au niveau européen, avec un super-État européen exerçant à partir de Bruxelles une domination nouvelle. [...]

D'origine modeste, Margaret Thatcher (1925-2013) connaît une brillante carrière politique au parti conservateur et devient en 1979 la première femme à diriger le gouvernement britannique. Sa politique néolibérale remet en cause l'État-providence : privatisations et dérégulations modernisent l'industrie du pays mais c'est au prix d'un chômage très lourd. Sa fermeté face aux syndicats lui vaut son surnom de « Dame de fer ».

Le 20 septembre 1988, au Collège d'Europe à Bruges, Margaret Thatcher prononce un discours sur l'avenir de l'Europe des Douze. Elle est alors connue pour son euroscepticisme. Pour elle, la CEE n'est qu'un moyen d'instaurer le libre-échange et de garantir la concurrence. Elle réaffirme ici son opposition à une Europe fédérale et défend une Europe se limitant à la coopération entre les États. Atlantiste et souverainiste, elle s'oppose à la perspective d'une Europe politique et refuse les projets à dimension supranationale. Elle dénonce les dérives bureaucratiques et centralisatrices du système communautaire. Elle est en complète opposition avec le président de la Commission européenne, le socialiste français Jacques Delors.

Malgré sa résistance, Margaret Thatcher ne peut empêcher ses partenaires de créer l'union monétaire et de signer en 1992 le traité de Maastricht qui instaure l'Union européenne. Sa politique européenne déplaît au parti conservateur et entraîne sa démission du gouvernement, en 1990, au profit de John Major. La « Dame de fer » détient toutefois le record du plus long mandat de Premier ministre au Royaume-Uni depuis le XVIIIe siècle.

YASSER ARAFAT
Proclamation d'un État palestinien

Alger, 19ᵉ session du Conseil national palestinien,
15 novembre 1988

[…] Le Conseil national palestinien, au nom de Dieu et du peuple arabe palestinien, proclame l'établissement de l'État arabe de Palestine sur notre terre palestinienne, avec pour capitale Jérusalem Al-Qods Al-Sharif. […]

Le Conseil national palestinien affirme la détermination de l'OLP de parvenir à une solution politique globale du conflit israélo-arabe, dont l'essence est la question palestinienne, dans le cadre de la Charte des Nations unies. […]

Pour la réalisation de cet objectif, le Conseil national palestinien affirme la nécessité de :

1. Réunir une conférence internationale dotée de pouvoirs et consacrée à la question du Moyen-Orient, dont l'essence est la question palestinienne, sous la supervision des Nations unies. […]

2. Assurer le retrait d'Israël de tous les territoires arabes occupés en 1967, y compris la Jérusalem arabe.

3. Annuler toutes les mesures de rattachement et d'annexion et démanteler les colonies établies par Israël dans les territoires palestiniens et arabes depuis 1967.

4. Agir pour mettre les territoires palestiniens occupés, y compris la Jérusalem arabe, sous la supervision des Nations unies durant une période limitée, en vue d'assurer la protection de notre peuple. […]

5. Résoudre la question des réfugiés palestiniens. […]

6. Garantir la liberté de culte dans les Lieux saints de Palestine aux fidèles de toutes les religions. […]

De même, le Conseil national palestinien proclame, encore une fois, son rejet du terrorisme sous toutes ses formes, y compris le terrorisme d'État. […]

Né en 1929, Yasser Arafat grandit au Caire et à Jérusalem. Il s'oppose, dès sa création en 1948, à l'État d'Israël. Il fonde le *Fatah* en 1959. C'est un mouvement palestinien qui mène des opérations armées contre Israël. Dix ans plus tard, il prend la tête de l'OLP, créée en 1964. L'Organisation de libération de la Palestine revendique alors la destruction d'Israël. Pour autant, Arafat est reçu en 1974 à l'ONU et l'OLP est reconnue comme le représentant du peuple palestinien. À partir de 1987, il encourage l'*Intifada*, mouvement de résistance dans les territoires occupés.

Ce discours du 15 novembre 1988 marque un tournant. Arafat proclame symboliquement l'indépendance de la Palestine devant les délégués du parlement en exil. Il appuie ses revendications sur les résolutions votées à l'ONU et prend ses distances avec le terrorisme. Un mois plus tard, devant les Nations unies rassemblées à Genève, il reprend les mêmes éléments et ajoute la reconnaissance de l'État d'Israël. Le rapprochement avec Israël est difficile mais aboutit en 1993 aux accords d'Oslo. L'année suivante, Arafat forme à Gaza l'Autorité palestinienne, un gouvernement autonome. Il est confronté à une double opposition : celle des Israéliens avec le déclenchement de la seconde *Intifada* en 2000 et celle des mouvements islamistes. Fin 2001, il est confiné dans son quartier général de la Mouqata'a, à Ramallah. Trois ans plus tard, gravement malade, il est hospitalisé en France où il meurt le 11 novembre 2004.

AUNG SAN SUU KYI

Se libérer de la peur

Meeting à la pagode de Myitkyina,
État du Kachin, 27 avril 1989

[…] Nous avons remarqué au cours de cette tournée que partout où la population osait agir politiquement, elle jouissait de plus de droits. Tandis que là où sévissait la peur, sévissait aussi l'oppression. C'est pourquoi, si nous voulons la démocratie, nous devons faire preuve de courage ; et j'appelle courage le fait de faire ce que l'on pense juste, même si l'on a peur. La peur est inévitable. Nous devons seulement apprendre à la maîtriser. […]

Il y en a qui accordent plus de valeur aux affaires qu'à la politique. Pourtant, pour réussir économiquement, encore faut-il un bon système politique. Même si les affaires marchent, quand le régime politique n'est pas juste, la nation ne prospère pas. […]

Laissez-moi m'interroger sur le sens véritable du mot démocratie. Ceux qui veulent un gouvernement populaire devraient s'engager personnellement dans la politique. Ils devraient élaborer leurs propres convictions politiques, se montrer constructifs et consentir au sacrifice. Sinon, pas moyen de gagner. Voilà plus de quarante ans que la Birmanie a conquis son indépendance. Et durant ces quarante années, quel est le progrès accompli ? À cette question, toutes les réponses qui s'imposent semblent bien déprimantes ! […]

En 1948, c'est grâce à l'unité des diverses nationalités que nous avons gagné notre indépendance. Aussi a-t-elle pu durer aussi long-temps et être profitable à tous. Je voudrais, pour conclure, demander à tous les groupes ethniques de rester unis et de continuer à travailler ensemble.

Aung San Suu Kyi est née à Rangoon en 1945. Son père, Aung San, assassiné en 1947, est le leader de l'indépendance. Ses études la mènent en Grande-Bretagne et elle ne rentre en Birmanie qu'au printemps 1988 pour soigner sa mère malade. Le contexte politique est tendu. Le général Ne Win, à la tête d'une dictature depuis 1962 démissionne en juillet. Les manifestations en faveur de la démocratie sont réprimées et une nouvelle junte militaire prend le pouvoir en septembre. Aung San Suu Kyi participe alors à la fondation de la Ligue nationale pour la démocratie (LND). Influencée par Gandhi et Martin Luther King, elle mène une campagne de désobéissance civile.

Ce discours est prononcé au printemps suivant, dans l'État multiculturel du Kachin, au nord du pays. Aux thématiques récurrentes dans ses écrits de la peur et de la démocratie s'ajoute ici la question de la pluralité ethnique. Suu Kyi appelle à dépasser les divisions ethniques de la Birmanie afin de s'unir dans le combat pour la démocratie. Arrêtée quelques mois après ce discours, elle refuse de quitter le pays et est assignée à résidence. Lors des élections législatives de 1990, la LND remporte 80 % des sièges. La junte au pouvoir refuse le résultat, accentue la répression et se met au ban des nations. « La Dame de Rangoon » continue de résister. En 1991, le prix Nobel de la Paix qu'elle ne peut venir chercher à Oslo fait connaître son combat au monde entier. Libérée fin 2010, Aung San Suu Kyi est élue députée en 2012, lors d'élections partielles remportées par son parti.

HELMUT KOHL

La réunification allemande

Strasbourg, 22 novembre 1989

[…] Depuis la nuit du 9 au 10 novembre, la situation en Allemagne – au cœur de l'Europe – connaît des changements fondamentaux. La volonté de liberté des Allemands vivant à Berlin-Est en RDA a eu raison, d'une manière pacifique, du mur et des barbelés. Après presque trois décennies de séparation, les Allemands célèbrent les retrouvailles, la parenté et l'unité. […] Berlin est devenue le symbole de la division de l'Allemagne et, par conséquent, de l'Europe. Le mur était mondialement connu pour être une frontière inhumaine séparant l'Europe de la liberté de l'Europe de la dictature et, par là même, divisant des peuples apparentés. […]

La liberté des hommes est, et restera, le meilleur gage d'une paix durable et stable en Europe. Robert Schuman, Jean Monnet, Alcide de Gasperi et Konrad Adenauer, les grands pères fondateurs de l'Union européenne, ne sont pas les moindres à s'être inspirés de cette idée. […] Les citoyens de la RDA veulent désormais être libres dans tous les domaines de la vie quotidienne. Ils veulent la liberté d'opinion et de l'information, la liberté de presse […]. Ils réclament le droit de fonder de véritables partis indépendants et, avant tout, ils veulent des élections libres, justes et secrètes, exprimant la vraie souveraineté du peuple. […]

Il s'agit de la liberté d'une seule Europe et de l'avenir de tous les Allemands et de tous les Européens, dans une liberté partagée par tous. C'est dans cet esprit que je vous demande d'œuvrer en commun pour un ordre pacifique équitable et durable dans toute l'Europe.

À partir du printemps 1989, les démocraties populaires s'émancipent, sans opposition de Moscou. Le 9 novembre, le mur de
la honte érigé à Berlin en août 1961 est pris d'assaut. Moins de
quinze jours plus tard, François Mitterrand, président en exercice
de la CEE et Helmut Kohl, chancelier de l'Allemagne de l'Ouest,
sont conviés au Parlement européen pour exposer leur vision de ces
événements. Helmut Kohl, né en 1930, Président du parti chré-
tien-démocrate (CDU), est chancelier de la RFA depuis 1982.
Durant son mandat, il joue un rôle décisif dans la construction
européenne, en approfondissant la coopération franco-allemande
et en soutenant la mise en œuvre du traité de Maastricht.

Helmut Kohl débute son intervention devant les Eurodéputés par
les mutations politiques et économiques de la CEE. Puis il dresse
en parallèle les bouleversements récents et rapides de l'Europe de
l'Est. Il appelle enfin à un soutien massif de la CEE à tous ces pays
de l'Est, au nom de la liberté, si fréquemment évoquée dans ce
discours. Son intervention est régulièrement ponctuée d'applau-
dissements.

Helmut Kohl impose une réunification rapide des deux Allemagne.
Le 3 octobre 1990, la RDA est intégrée à la RFA et adopte la Loi
fondamentale, la constitution de l'Allemagne de l'Ouest depuis
1949. Premier chancelier de l'unité, Helmut Kohl est reconduit
au pouvoir en 1990 et 1994. Mais confronté à des difficultés
économiques croissantes liées à la récession et à la réunification, il
perd les élections législatives de 1998 et cède son poste au social-
démocrate Gerhard Schröder.

GEORGE HERBERT WALKER BUSH

Le nouvel ordre mondial

Washington, Congrès des États-Unis, 6 mars 1991
*[...] Nous avons gagné la guerre. Nous avons libéré un petit pays,
dont beaucoup d'Américains n'avaient jamais entendu parler, du
joug de l'agression et de la tyrannie, et nous n'avons rien demandé en
échange [...]. Maintenant nous rentrons chez nous, fiers, confiants,
la tête haute. Nous avons beaucoup à faire chez nous et à l'étranger,
et nous le ferons. Nous sommes américains [...].*

*Notre engagement en faveur de la paix au Moyen-Orient ne s'arrête
pas à la libération du Koweït. Ce soir, laissez-moi définir quatre
objectifs-clefs : premièrement, nous devons travailler ensemble à
mettre sur pied des accords de sécurité mutuelle dans la région. [...]
Deuxièmement, nous devons agir pour contrôler la prolifération des
armes de destruction massive et les missiles utilisés pour les envoyer...
L'Irak requiert une vigilance particulière. [...] Troisièmement, nous
devons travailler à créer de nouvelles occasions pour la paix et la
stabilité au Moyen-Orient [...]. Le moment est venu de mettre fin
au conflit israélo-arabe [...]. Quatrièmement, nous devons favoriser
le développement économique pour le bien de la paix et du progrès
[...].*

*À tous les défis offerts par cette région du monde, il n'y a pas de solu-
tion unique, pas de réponse seulement américaine [...]. Maintenant
nous voyons apparaître un nouvel ordre mondial [...]. Un monde
où les Nations unies, libérées de l'impasse de la Guerre froide, sont
en mesure de réaliser la vision historique de leurs fondateurs. Un
monde dans lequel la liberté et les droits de l'homme sont respectés
par toutes les nations. [...]*

Issu de la bourgeoisie d'affaires, George Bush, né en 1924, a fait fortune dans l'industrie pétrolière au Texas. Ambassadeur puis directeur de la CIA, il est vice-président sous Reagan (1980-1988) et lui succède.

Ce discours est prononcé au lendemain de la victoire militaire de la coalition rassemblée derrière les Nations unies contre l'Irak. En août 1990, les armées de Saddam Hussein avaient envahi le Koweït pour accaparer les richesses pétrolières du pays et avoir un plus large accès à la mer. Face à cette agression et cette tentative d'hégémonie régionale, les États-Unis obtiennent le soutien des principaux pays arabes mais aussi de la communauté internationale. Au cours de cette « guerre éclair », les états-Unis se livrent à un impressionnant déploiement militaire qui atteste de leur rôle de gendarme du monde au service d'une paix qui sert leurs intérêts. L'URSS ne s'est pas opposée à cette opération « Tempête du désert » en utilisant son droit de veto au Conseil de sécurité de l'ONU. Gorbatchev n'entend pas faire resurgir la Guerre froide. La deuxième guerre du Golfe ouvre donc la voie à un nouvel ordre mondial où l'ONU pourrait plus aisément jouer son rôle de maintien de la paix et d'aide au développement. Le président de l'hyperpuissance américaine propose une vision multilatérale du monde, bien différente de celle que défend son fils, douze ans plus tard, en attaquant l'Irak contre l'avis de l'ONU. Candidat pour un second mandat en 1992, George Bush est battu par le démocrate Bill Clinton.

MIKHAÏL GORBATCHEV

« Je mets fin à mes fonctions de président de l'URSS »

Moscou, allocution télévisée, 25 décembre 1991

[…] Au moment où j'accédais aux plus hautes fonctions de l'État, il était déjà clair que le pays allait mal. Tout est ici en abondance […] et pourtant nous vivons bien plus mal que dans les pays développés […]. La raison en était déjà claire : la société étouffait dans le carcan du système de commandement administratif condamné à servir l'idéologie et à porter le terrible fardeau de la militarisation à outrance.

[…] Je suis persuadé de la justesse historique des réformes démocratiques entamées au printemps 1985. […] Le système totalitaire […] a été liquidé. Une percée a été effectuée sur la voie des transformations démocratiques. Les élections libres, la liberté de la presse, les libertés religieuses, des organes de pouvoir représentatifs et le multipartisme sont devenus une réalité. Les droits de l'homme sont reconnus comme le principe suprême. La marche vers une économie multiforme a commencé.

[…] Nous vivons dans un nouveau monde : la « Guerre froide » est finie. […] Nous avons renoncé à l'ingérence dans les affaires d'autrui. […] Les peuples, les nations ont obtenu une liberté réelle pour choisir la voie de leur autodétermination. […] Tous ces changements ont provoqué une énorme tension, et se sont produits dans des conditions de lutte féroce, sur un fond d'opposition croissante des forces du passé moribond et réactionnaire […]. L'ancien système s'est écroulé avant que le nouveau ait pu se mettre en marche. Et la crise de la société s'est encore aggravée. […]

Je quitte mon poste avec inquiétude mais aussi avec espoir. […]

L'arrivée de Gorbatchev à la tête de l'URSS en 1985 est un tournant politique. À 54 ans, il met fin à une période de gérontocratie et réforme le modèle soviétique. Il veut démocratiser le système politique et réorganiser l'économie soviétique dans le cadre du socialisme. La *glasnost* (transparence) assouplit la censure. La *perestroïka* (restructuration) restaure les principales libertés politiques, permet la tenue d'élections libres et la libération de nombreux dissidents. L'économie socialiste s'ouvre au capitalisme libéral. Mais en URSS, Gorbatchev se heurte à de multiples oppositions. Boris Eltsine le trouve trop modéré, une partie de la *nomenklatura* le juge au contraire trop libéral. Les militaires conservateurs tentent d'ailleurs un putsch au mois d'août 1991.

Pour améliorer la situation économique et sociale, Gorbatchev a réduit le budget militaire de son pays. L'URSS se retire de l'Afghanistan et se rapproche des États-Unis. Une nouvelle Détente met fin à la Guerre fraîche. Gorbatchev s'engage avec le Président Reagan dans un programme de désarmement.

Ce vent de réformes touche les démocraties populaires qui s'émancipent dès le printemps 1989 sans opposition cette fois-ci de Moscou. L'éclatement du bloc de l'Est se répercute sur l'URSS. En 1991, les Républiques proclament les unes après les autres leur indépendance. Président d'une URSS qui n'existe plus, Gorbatchev démissionne le 25 décembre 1991, après avoir justifié son action à la tête de l'État dans cette allocution télévisée.

NELSON MANDELA
« Une nation arc-en-ciel »

Union Buildings, Pretoria, Afrique du Sud, 10 mai 1994

[…] Le temps est venu de panser nos blessures. Le moment est venu de réduire les abîmes qui nous séparent. Le temps de la construction approche. Nous avons enfin accompli notre émancipation politique. Nous nous engageons à libérer tout notre peuple de l'état permanent d'esclavage à la pauvreté, à la privation, à la souffrance, à la discrimination liée au sexe ou à toute autre discrimination. Nous avons réussi à franchir le dernier pas vers la liberté dans des conditions de paix relative. Nous nous engageons à construire une paix durable, juste et totale. Nous avons triomphé dans notre effort pour insuffler l'espoir dans le cœur de millions de nos concitoyens. Nous prenons l'engagement de bâtir une société dans laquelle tous les Sud-Africains, blancs ou noirs, pourront marcher la tête haute sans aucune crainte au fond de leur cœur, assurés de leur droit inaliénable à la dignité humaine – une nation arc-en-ciel en paix avec elle-même et avec le monde. […]

Nous devons agir ensemble en tant que peuple uni, pour la réconciliation nationale, pour la construction de la nation, pour la naissance d'un nouveau monde.

Que la justice soit présente pour tous !

Que la paix soit là pour tous !

Que le travail, le pain, l'eau et le sel soient à la disposition de tous !
[…]

Que jamais, au grand jamais ce beau pays ne subisse l'oppression de l'un par l'autre et ne souffre l'indignité d'être le pestiféré du monde.

Que règne la liberté !

Le soleil ne se couchera jamais sur une réussite humaine si glorieuse.

Dieu bénisse l'Afrique.

Merci.

Nelson Mandela (1918-2013) devient président d'Afrique du Sud à soixante-seize ans. Il prononce, ce 10 mai 1994, son discours d'investiture en présence de cent quatre-vingts délégations étrangères, devant soixante mille personnes. Ce discours inaugural marque le retour de l'Afrique du Sud dans le concert des nations et la réconciliation nationale.

Le combat de Mandela a commencé cinquante ans plus tôt, quand il s'engage dans le Congrès national africain (ANC), en lutte pour les droits des Noirs. En 1948, le parti Afrikaner met en place une politique de « développement séparé » des communautés dite « apartheid ». L'ANC est interdite en 1960. Mandela entre dans la clandestinité et se convertit à l'action violente. Arrêté en 1962, il est condamné en 1964 à la détention à perpétuité. Il devient rapidement un symbole mondial de la lutte du peuple noir pour ses droits. L'arrivée au pouvoir du libéral Frederik De Klerk permet sa libération en 1990, l'autorisation de l'ANC, puis l'abolition de l'apartheid en 1991. Les deux hommes partagent en 1993 le prix Nobel de la Paix. Un an plus tard, Mandela est élu président à l'issue des premières élections multiraciales.

Une fois au pouvoir, il met en place la commission « Vérité et réconciliation », présidée par l'archevêque anglican Desmond Tutu. Mandela parvient à éviter l'embrasement du pays durant la phase de transition démocratique. Quand il quitte le pouvoir cinq ans plus tard, en 1999, les fractures sociales demeurent encore très fortes malgré d'incontestables réalisations. Thabo Mbeki, lui aussi issu de l'ANC, lui succède.

YITZHAK RABIN
Donner une chance à la paix

Tel Aviv, Jardin des Rois d'Israël, 4 novembre 1995

Permettez-moi tout d'abord, de vous dire quelle émotion m'étreint en cet instant. Je souhaite remercier chacun d'entre vous, qui êtes venus ici manifester contre la violence, et pour la paix. [...] J'ai servi dans l'armée pendant vingt-sept ans. J'ai combattu tant qu'aucune chance ne semblait réservée à la paix. J'ai la conviction aujourd'hui que la paix a ses chances. [...]

Depuis plus de trois ans que l'actuel gouvernement est en place, le peuple israélien a prouvé qu'il est possible de déboucher sur la paix ; que la paix est la clé d'une économie et d'une société meilleures, et qu'elle n'apparaît pas seulement dans les textes de prières. [...]

La paix a ses ennemis, qui tentent de porter leurs coups contre nous dans l'espoir de faire avorter le processus de paix. Je vous le dis, en vérité, nous avons trouvé des partenaires prêts à la paix, également parmi les Palestiniens : l'OLP, qui jadis était notre ennemi, a cessé de recourir au terrorisme.

[...] Nous sommes engagés sur un chemin semé d'embûches, où n'est pas épargnée la douleur. Israël ne connaît aucun chemin où la douleur serait épargnée. Il lui est préférable de s'engager dans la paix que d'entrer en guerre. Je vous le dis en tant que militaire et en tant que ministre de la Défense, amené à voir la douleur frapper les familles des soldats de Tsahal. [...]

Ce rassemblement doit constituer un message transmis au peuple israélien, au peuple juif à travers le monde, aux nombreux peuples du monde arabe, et au monde entier : le peuple israélien aspire à la paix, affirme sa volonté de paix. Et pour tout cela, un immense merci à tous.

Officier de l'armée israélienne, Yitzhak Rabin est le principal arti-
san de la victoire de Tsahal lors de la guerre des Six Jours en 1967.
Revenu à la vie civile, il est à la tête du gouvernement travailliste
de 1974 à 1977 puis ministre de la Défense de 1984 à 1990. À ce
poste, il réprime violemment la première *Intifada* mais quitte le
gouvernement en 1990, convaincu de l'inefficacité d'une solution
militaire. Avec la fin de la Guerre froide, le contexte géopolitique a
changé. À nouveau Premier ministre en 1992, il négocie puis signe
avec Yasser Arafat les accords d'Oslo (1993-1995). Ils prévoient la
reconnaissance mutuelle d'Israël et de l'OLP, ainsi que la création
d'une Autorité palestinienne administrant une partie de la Cisjor-
danie et de la bande de Gaza. Ce rapprochement leur vaut le prix
Nobel de la paix en 1994. La même année, Israël signe un accord
de paix avec la Jordanie.

Afin de soutenir ce processus de paix, une manifestation est organisée à Tel Aviv le 4 novembre 1995. Yitzhak Rabin s'adresse à son
peuple et au monde. Il évoque le profond désir de paix des Israéliens, salue les États arabes et insiste sur les obstacles à surmonter. Quelques minutes après cette allocution, il est assassiné par
un jeune extrémiste israélien. Le cycle des violences reprend. Au
déclenchement de la seconde *Intifada* en 2000 répond la construction de la barrière de séparation.

Le conflit entre le Hamas et le Fatah en Palestine ainsi que les
révolutions au Proche-Orient ne facilitent pas la reprise d'un
processus de paix tant nécessaire à l'équilibre de la région.

ASSEMBLÉE GÉNÉRALE DES NATIONS UNIES
Déclaration du millénaire

New York, 8 septembre 2000

[…] Nous estimons que certaines valeurs fondamentales doivent sous-tendre les relations internationales au XXIᵉ siècle :

*• **La liberté**. Les hommes et les femmes ont le droit de vivre et d'élever leurs enfants dans la dignité, à l'abri de la faim et sans craindre la violence, l'oppression ou l'injustice. C'est un mode de gouvernance démocratique des affaires publiques, fondé sur la volonté et la participation des populations, qui permet le mieux de garantir ces droits.*

*• **L'égalité**. Aucune personne, aucune nation ne doit être privée des bienfaits du développement. L'égalité des droits et des chances des femmes et des hommes doit être assurée.*

*• **La solidarité**. […] Ceux qui souffrent ou qui sont particulièrement défavorisés méritent une aide de la part des privilégiés.*

*• **La tolérance**. Les êtres humains doivent se respecter mutuellement dans toute la diversité de leurs croyances, de leurs cultures et de leurs langues. […]*

*• **Le respect de la nature**. […] Les modes de production et de consommation qui ne sont pas viables à l'heure actuelle doivent être modifiés, dans l'intérêt de notre bien-être futur et dans celui de nos descendants.*

*• **Le partage des responsabilités**. La responsabilité de la gestion, à l'échelle mondiale, du développement économique et social, ainsi que des menaces qui pèsent sur la paix et la sécurité internationales, doit être partagée entre toutes les nations du monde et devrait être exercée dans un cadre multilatéral. […] L'Organisation des Nations unies a un rôle central à jouer à cet égard. […]*

L'Organisation des Nations unies a été fondée en 1945 par cinquante pays déterminés à préserver la paix et à assurer le développement grâce à la coopération internationale et à la sécurité collective. Pendant la Guerre froide, le droit de veto détenu par les cinq membres permanents du Conseil de sécurité a paralysé son action. Depuis la fin du conflit, l'ONU tente de retrouver son rôle de maintien de la paix et d'arbitre international.

Le « sommet du millénaire » qui s'est déroulé du 6 au 8 septembre 2000 à New York, siège de l'organisation, a été l'occasion d'aborder les défis que doivent relever les Nations unies au XXIᵉ siècle. Autour du secrétaire général, le ghanéen Kofi Annan, les cent-quatre-vingt-neuf États membres présents ont signé une « Déclaration du millénaire » dont sont présentés quelques extraits. Certaines valeurs étaient déjà présentes dans le Préambule de la Charte de 1945 comme la liberté ou l'égalité. De nouvelles notions apparaissent comme le développement durable ou encore la nouvelle gouvernance à toutes les échelles. De cette déclaration découlent les huit « objectifs du millénaire pour le développement », que les États alors membres des Nations unies se sont engagés à réaliser d'ici 2015. Ces objectifs recouvrent de grands enjeux humanitaires : réduction de l'extrême pauvreté, de la faim, de la mortalité infantile, du sida et du paludisme, meilleur accès à l'éducation, égalité des sexes et application du développement durable. À l'approche de l'échéance, si des progrès ont été réalisés, les objectifs sont encore loin d'être atteints.

GEORGE W. BUSH
L'axe du mal

Washington, Congrès des États-Unis, 29 janvier 2002
En quatre mois à peine, notre pays a réconforté les victimes,
commencé à reconstruire New York et le Pentagone, formé une
grande coalition, capturé, arrêté et mis hors d'état de nuire des
milliers de terroristes, détruit des camps d'entraînement de terro-
ristes en Afghanistan, sauvé un peuple de la famine et libéré un pays
d'une oppression brutale. [...] Nous devons empêcher les terroristes
et les gouvernements qui cherchent à se doter d'armes chimiques,
biologiques ou nucléaires de menacer les États-Unis et le monde.
[...] La Corée du Nord a un gouvernement qui s'équipe de missiles
et d'armes de destruction massive tout en affamant sa population.
L'Iran s'emploie activement à fabriquer de telles armes et exporte le
terrorisme tandis qu'une minorité non élue étouffe l'espoir de liberté
du peuple iranien. L'Irak continue d'afficher son hostilité envers les
États-Unis et à soutenir le terrorisme. Le gouvernement irakien
complote depuis plus de dix ans pour mettre au point le bacille du
charbon, des gaz neurotoxiques et des armes nucléaires. [...] De tels
États constituent, avec leurs alliés terroristes, un axe maléfique et
s'arment pour menacer la paix mondiale. [...] L'Histoire a lancé
aux États-Unis et à leurs alliés un appel à l'action. [...] L'Amérique
sera le champion de la défense de la liberté et de la justice, parce que
ces principes sont justes, vrais et inaliénables pour tous les peuples du
monde. Nous n'avons pas l'intention d'imposer notre culture, mais
les États-Unis défendront toujours fermement les principes non
négociables de la dignité humaine. [...]

George Walker Bush, né en 1946, est le fils aîné du Président George Herbert Walker Bush. Après avoir travaillé dans les affaires pétrolières et gazières familiales, il est manager d'un club de base-ball puis se lance en politique. Gouverneur du Texas, il devient président des États-Unis en novembre 2000. Ce discours marque le premier anniversaire de son mandat. Quatre mois auparavant, les États-Unis ont été touchés par les attentats du 11 septembre à l'instigation du réseau islamiste Al-Qaida, alors abrité en Afghanistan. Quand Bush s'adresse au Congrès, le régime des Talibans a été renversé par les troupes américaines et alliées mais le chef d'Al-Qaida, Ben Laden, reste introuvable.

Ce discours révèle la conception américaine de l'ordre mondial. L'hyperpuissance et ses alliés constituent un axe du bien. À l'opposé, des États-voyous (*rogue states*) forment avec des organisations terroristes un « axe du Mal ». Face à cette menace, la stratégie américaine repose sur l'interventionnisme avec le concept de guerre préventive et l'unilatéralisme. L'intervention en Irak en mars 2003 illustre ces principes. L'Irak est accusé à tort de détenir des armes de destruction massive et les Américains entrent en guerre sans l'accord du Conseil de sécurité de l'ONU. Bush relance aussi la course aux armements. Cet engagement des « gendarmes du monde » associe l'idéal de la « destinée manifeste » et des intérêts économiques.

George Bush poursuit cette politique unilatérale et conservatrice lors de son second mandat, tout en cherchant une issue à la guerre en Irak, de plus en plus impopulaire.

PARTIE 3

LA FRANCE DEPUIS 1945

CHARLES DE GAULLE
Discours de Bayeux

16 juin 1946

[…] Il est clair et il est entendu que le vote définitif des lois et des budgets revient à une Assemblée élue au suffrage universel et direct. Mais le premier mouvement d'une telle Assemblée ne comporte pas nécessairement une clairvoyance et une sérénité entières. Il faut donc attribuer à une deuxième Assemblée, élue et composée d'une autre manière, la fonction d'examiner publiquement ce que la première a pris en considération, de formuler des amendements, de proposer des projets. […]

Du Parlement, composé de deux Chambres et exerçant le pouvoir législatif, il va de soi que le pouvoir exécutif ne saurait procéder, sous peine d'aboutir à cette confusion des pouvoirs. […] C'est donc du chef de l'État, placé au-dessus des partis, élu par un collège qui englobe le Parlement mais beaucoup plus large et composé de manière à faire de lui le président de l'Union française en même temps que celui de la République, que doit procéder le pouvoir exécutif. […] À lui la mission de nommer les ministres et, d'abord, bien entendu, le Premier, qui devra diriger la politique et le travail du gouvernement. Au chef de l'État la fonction de promulguer les lois et de prendre les décrets […]. À lui l'attribution de servir d'arbitre au-dessus des contingences politiques, soit normalement par le conseil, soit, dans les moments de grave confusion, en invitant le pays à faire connaître par des élections sa décision souveraine. À lui, s'il devait arriver que la patrie fût en péril, le devoir d'être le garant de l'indépendance nationale et des traités conclus par la France. […]

À la Libération, le général de Gaulle forme le Gouvernement provisoire de la République française (GPRF), avec les forces politiques issues de la résistance, y compris les communistes. La nouvelle assemblée législative est chargée d'élaborer une Constitution. De Gaulle s'oppose vite à la coalition tripartite (MRP, PCF et SFIO) sur la nature du régime à adopter et démissionne le 20 janvier 1946. Il reprend la parole le 16 juin à l'occasion du deuxième anniversaire de la libération de Bayeux. Le premier projet de Constitution a été rejeté par référendum en mai. Le Général tente alors d'infléchir les travaux de la seconde Constituante et pose ici les bases de la Constitution de 1958. Son projet se fonde sur la nécessaire séparation des pouvoirs. De Gaulle condamne le régime parlementaire où le pouvoir législatif est « aux mains des partis ». Dans son projet, le chef de l'État, président-arbitre, est la clé de voûte du pouvoir exécutif. Il tire sa légitimité de son élection par un collège électoral élargi. Il doit être le garant de la cohésion nationale afin d'éviter l'instabilité ministérielle. Son discours est mal reçu par les partis politiques. Le projet constitutionnel adopté de justesse par les électeurs et qui fonde la IVᵉ République assure la prééminence parlementaire. Le président du Conseil est sous le contrôle étroit de l'Assemblée et le président n'a qu'un pouvoir de représentation. Il s'agit d'un régime d'assemblée que de Gaulle dénonce comme un régime des partis. Il fonde alors le Rassemblement du peuple français (RPF) en avril 1947 pour défendre son projet constitutionnel.

ABBÉ PIERRE
Appel de l'hiver 1954

Paris, 1ᵉʳ février 1954, 13 h 30
sur Radio Luxembourg

Mes amis, au secours ! Une femme vient de mourir gelée, cette nuit à trois heures, sur le trottoir du boulevard Sébastopol, serrant sur elle le papier par lequel, avant-hier, on l'avait expulsée... Chaque nuit, ils sont plus de deux mille recroquevillés sous le gel [...]. Devant tant d'horreur, les cités d'urgence, ce n'est même plus assez urgent.

Écoutez-moi : en trois heures, deux premiers centres de dépannage viennent de se créer [...]. Ils regorgent déjà. Il faut en ouvrir partout. Il faut que ce soir même, dans toutes les villes de France, dans chaque quartier de Paris, des pancartes s'accrochent sous une lumière dans la nuit, à la porte de lieux où il y ait couvertures, paille, soupe, et où l'on lise sous ce titre centre fraternel de dépannage, ces simples mots :

« Toi qui souffres, qui que tu sois, entre, dors, mange, reprends espoir, ici on t'aime. »

[...] Tant que dure l'hiver, que ces centres subsistent. Devant leurs frères mourant de misère, une seule opinion doit exister entre hommes : la volonté de rendre impossible que cela dure. Je vous en supplie, aimons-nous assez tout de suite pour faire cela. Que tant de douleur nous ait rendu cette chose merveilleuse : l'Âme commune de la France. Merci ! Merci !

Chacun de vous peut venir en aide aux « sans-abri ». Il nous faut pour ce soir, et au plus tard pour demain : cinq mille couvertures, trois cents grandes tentes américaines, deux cents poêles catalytiques. Déposez-les vite à l'hôtel Rochester, 92 rue La Boétie. Rendez-vous des volontaires et des camions pour le ramassage, ce soir à 23 heures, devant la tente de la montagne Sainte-Geneviève.

Grâce à vous, aucun homme, aucun gosse ne couchera ce soir sur l'asphalte ou les quais de Paris. Merci !

La France des années 1950 connaît une grave pénurie de logements en raison des destructions de guerre, de la forte croissance démographique (*baby-boom*) et de l'explosion urbaine (exode rural). Des bidonvilles subsistent en banlieue parisienne jusqu'aux années 1960. Cette précarité touche le prêtre catholique Henri Grouès dit l'abbé Pierre. Ancien résistant et député MRP (Mouvement républicain populaire), il fonde en 1949 les communautés Emmaüs qui ont vocation à aider les plus démunis. Son action passe par un travail de récupération et de revente d'objets. Il entreprend la construction (souvent illégale) de logements pour des familles sans-abri.

Son engagement prend une nouvelle dimension en 1954. L'hiver est particulièrement rigoureux et des sans-abri meurent de froid. Depuis quelques mois, l'abbé Pierre et ses amis parlementaires essaient en vain de faire voter des crédits pour la construction de cités d'urgence. Devant l'inertie des pouvoirs publics, l'abbé Pierre lance son appel sur Radio-Luxembourg le 1er février 1954 et provoque, selon la presse, « l'insurrection de la bonté ». Des gens de toutes conditions sociales donnent argent, couvertures et nourriture. L'élan est donné, de nombreux bénévoles se présentent pour aider le mouvement et les pouvoirs publics finissent par voter les crédits qu'ils avaient refusés. La presse mondiale s'en fait l'écho.

Plus d'un demi-siècle plus tard, le problème du mal logement n'est pas encore réglé. Le mouvement Emmaüs est présent dans trente-sept pays et perpétue l'idéal de justice de son fondateur qui est resté jusqu'à sa mort, en 2007, l'une des personnalités préférées des Français.

PIERRE MENDÈS FRANCE
Discours d'investiture

Paris, Palais-Bourbon, 17 juin 1954

[…] Mesdames, messieurs, je me résume.

Le plan d'action de mon gouvernement comportera trois étapes :

1- Avant le 20 juillet, il s'efforcera d'obtenir un règlement du conflit d'Indochine.

2- À ce moment au plus tard, il vous soumettra un programme cohérent et détaillé de redressement économique et demandera des pouvoirs nécessaires pour le réaliser.

3- Enfin, et toujours avant les vacances parlementaires, il vous soumettra des propositions […] sur notre politique européenne.

Il est entendu – encore une fois – que si, à l'une de ces étapes successives, je n'ai pas réussi à atteindre l'objectif fixé, mon gouvernement remettra sa démission à M. le Président de la République.

Aujourd'hui, je ne demande donc la confiance de l'Assemblée que pour un premier délai de quatre semaines qui seront consacrées à mon premier objectif : le « cessez-le-feu » indochinois.

Je vous demande une réponse claire. Si elle est affirmative, elle implique que, durant une période qui sera brève, mais combien chargée pour le chef du gouvernement, l'Assemblée […] renoncera volontairement à détourner son attention, qui sera concentrée sur ses responsabilités dans une négociation décisive.

Mesdames, messieurs, je vous offre un contrat. […] Il n'y aura pas de ces négociations interminables que nous avons connues ; je n'admettrai ni exigences ni veto. Le choix des ministres, en vertu de la constitution, appartient au président du Conseil investi, et à lui seul. Je ne suis pas disposé à transiger sur les droits que vous m'auriez donnés par votre vote d'investiture. […]

Plus jeune avocat de France puis plus jeune député, le radical Pierre Mendès France (1907-1982) est une figure incontournable de la IVe République. Résistant pendant la guerre, il devient ministre de l'Économie du Gouvernement provisoire de la République française (GPRF) à la Libération. Soutenu par le nouvel hebdomadaire *L'Express*, « Cassandre » apparaît après la défaite de Diên Biên Phû en 1954 comme l'homme providentiel. Nommé à la tête du gouvernement par René Coty, il se présente à l'Assemblée le 17 juin pour y être investi à une forte majorité. PMF impose un nouveau style politique, le mendésisme. Il veut rééquilibrer les institutions en faveur de l'exécutif en refusant le principe de la double investiture. Il s'entoure d'experts et s'adresse directement à la nation par la radio lors des « causeries ».

Comme il l'a annoncé dans ce discours, il met fin à la guerre d'Indochine en signant dès juillet 1954 les accords de Genève. Puis il reconnaît l'autonomie interne à la Tunisie et peut alors se consacrer à la relance de l'économie. Au mois d'août, il présente à l'Assemblée le projet de Communauté européenne de défense (CED) qui est rejeté.

Très populaire auprès des intellectuels et des jeunes, il suscite une forte opposition de la classe politique qu'il ne ménage pas et qui se ligue contre lui. Son gouvernement est renversé en février 1955 sur sa politique algérienne à la suite de l'insurrection qui a éclaté le 1er novembre 1954.

À partir de 1958, il dénonce « le coup de force » des gaullistes et se place dès lors dans l'opposition à la Ve République.

CHARLES DE GAULLE

« Je vous ai compris »

Forum d'Alger, 4 juin 1958

Je vous ai compris !

Je sais ce qui s'est passé ici. Je vois ce que vous avez voulu faire. Je vois que la route que vous avez ouverte en Algérie, c'est celle de la rénovation et de la fraternité.

Je dis la rénovation à tous égards. Mais très justement vous avez voulu que celle-ci commence par le commencement, c'est à dire par nos institutions, et c'est pourquoi me voilà.[…]

Eh bien ! De tout cela, je prends acte au nom de la France et je déclare, qu'à partir d'aujourd'hui, la France considère que, dans toute l'Algérie, il n'y a qu'une seule catégorie d'habitants : il n'y a que des Français à part entière, avec les mêmes droits et les mêmes devoirs. […]

L'armée, […] l'armée française a été sur cette terre le ferment, le témoin, et elle est le garant, du mouvement qui s'y est développé. Elle a su endiguer le torrent pour en capter l'énergie, Je lui rends hommage. Je lui exprime ma confiance. Je compte sur elle pour aujourd'hui et pour demain. […]

Dans trois mois […] tous les Français, y compris les dix millions de Français d'Algérie auront à décider de leur propre destin […]. Ils auront à désigner et à élire, je le répète, en un seul collège, leurs représentants pour les pouvoirs publics. […] Avec ces représentants nous ferons le reste. […]

Vive la République !

Après une longue traversée du désert, de Gaulle revient au pouvoir suite à la crise du 13 mai 1958. À Alger, l'immeuble du gouvernement général est pris d'assaut par les partisans de l'Algérie française, avec le soutien d'une partie de l'armée. Un comité de salut public est formé autour du général Massu. Face à cette situation insurrectionnelle, le président de la République, René Coty, fait appel à de Gaulle qui apparaît comme l'homme providentiel. Nouveau président du Conseil, il se voit confier les pleins pouvoirs le 2 juin pour six mois afin d'élaborer une nouvelle Constitution. Il se rend ensuite en Algérie, sujette depuis 1954 à une guerre qui ne dit pas son nom.

Le 4 juin, au forum d'Alger, il s'adresse à une foule enthousiaste de pieds noirs et d'Algériens, mais aussi, par les médias, aux Français de métropole. De Gaulle veut les rassembler, les rassurer et affirmer sa légitimité. Il rend hommage aux soldats de l'indépendance algérienne (les *fellaghas* du FLN) et à ceux de l'armée française tout en leur rappelant leur devoir d'obéissance. Il promet le maintien de la souveraineté française et l'égalité des droits entre tous. Les 8,5 millions d'Algériens n'avaient pas le même statut que le million d'Européens. Le fameux « Je vous ai compris » est à l'image du discours, volontairement ambigu. Chaque communauté peut penser qu'il s'adresse à elle.

Pour de nombreux pieds-noirs, la marche vers l'autodétermination puis l'indépendance est vécue comme une trahison. Certains, rejoints par des militaires, basculent dès 1960 dans l'action violente.

CHARLES DE GAULLE
Le putsch d'Alger

Allocution radiodiffusée et télévisée, 23 avril 1961

Un pouvoir insurrectionnel s'est établi en Algérie par un pronunciamiento militaire. Les coupables de l'usurpation ont exploité la passion des cadres de certaines unités spécialisées, l'adhésion enflammée d'une partie de la population de souche européenne qu'égarent les craintes et les mythes. [...]

Ce pouvoir a une apparence : un quarteron de généraux en retraite. Il a une réalité : un groupe d'officiers, partisans, ambitieux et fanatiques. Ce groupe et ce quarteron possèdent un savoir-faire expéditif et limité. Mais ils ne voient et ne comprennent la nation et le monde que déformés à travers leur frénésie. Leur entreprise conduit tout droit à un désastre national. [...]

Voici l'État bafoué, la nation défiée, notre puissance ébranlée, notre prestige international abaissé, notre place et notre rôle en Afrique compromis. Et par qui ? Hélas ! Hélas ! Par des hommes dont c'était le devoir, l'honneur, la raison d'être, de servir et d'obéir.

Au nom de la France, j'ordonne que tous les moyens, je dis tous les moyens, soient employés pour barrer partout la route à ces hommes-là, en attendant de les réduire. [...]

Devant le malheur qui plane sur la patrie et la menace qui pèse sur la République [...] j'ai décidé de mettre en œuvre l'article 16 de notre Constitution. À partir d'aujourd'hui, je prendrai, au besoin directement, les mesures qui paraîtront exigées par les circonstances. [...]

Françaises, Français ! Voyez où risque d'aller la France, par rapport à ce qu'elle était en train de redevenir.

Françaises, Français ! Aidez-moi !

Revenu au pouvoir en juin 1958, de Gaulle envisage progressivement l'indépendance de l'Algérie. En 1959, il propose aux Algériens l'autodétermination, politique que le peuple français approuve massivement le 8 janvier 1961 lors d'un référendum. Des pourparlers débutent entre le gouvernement français et le gouvernement provisoire de la République algérienne (GPRA), affilié au FLN. Les pieds-noirs et les militaires de carrière qui ont porté le général de Gaulle au pouvoir s'estiment trahis.

Un an après la semaine des barricades (24 janvier-1er février 1960), le samedi 22 avril 1961, les généraux Challe, Salan, Zeller et Jouhaud, avec l'appui du premier régiment de parachutistes, tentent un putsch à Alger. Face à cette situation d'urgence, de Gaulle décide d'assumer les pouvoirs exceptionnels prévus par l'article 16 de la Constitution. Il en informe la population par cette allocution radiodiffusée. Ce discours provoque en métropole une importante adhésion populaire et en Algérie, il fait tourner court la rébellion. Le contingent refuse de suivre le mouvement et le putsch s'effondre en trois jours. L'article 16 reste toutefois en vigueur pendant cinq mois pour éviter un nouveau soulèvement.

Le général de Gaulle sort renforcé de cet épisode qui lui laisse les mains libres pour mener à bien les négociations qui débouchent le 18 mars 1962 sur les accords d'Évian. L'échec du putsch ne décourage pas les partisans acharnés de l'Algérie française qui entrent dans l'action clandestine avec l'Organisation armée secrète (OAS).

ANDRÉ MALRAUX

« Entre ici, Jean Moulin, avec ton terrible cortège »

Paris, place du Panthéon, 19 décembre 1964

[…] Entre ici, Jean Moulin, avec ton terrible cortège. Avec ceux qui sont morts dans les caves sans avoir parlé, comme toi ; et même, ce qui est peut-être plus atroce, en ayant parlé ; avec tous les rayés et tous les tondus des camps de concentration, avec le dernier corps trébuchant des affreuses files de Nuit et Brouillard, enfin tombé sous les crosses ; avec les huit mille Françaises qui ne sont pas revenues des bagnes, avec la dernière femme morte à Ravensbrück pour avoir donné asile à l'un des nôtres. Entre, avec le peuple né de l'ombre et disparu avec elle - nos frères dans l'ordre de la Nuit... […]

L'hommage d'aujourd'hui n'appelle que le chant qui va s'élever maintenant, ce Chant des partisans que j'ai entendu murmurer comme un chant de complicité, puis psalmodier dans le brouillard des Vosges et les bois d'Alsace, mêlé au cri perdu des moutons des tabors, quand les bazookas de Corrèze avançaient à la rencontre des chars de Rundstedt lancés de nouveau contre Strasbourg. Écoute aujourd'hui, jeunesse de France, ce qui fut pour nous le Chant du Malheur. C'est la marche funèbre des cendres que voici. À côté de celles de Carnot avec les soldats de l'an II, de celles de Victor Hugo avec les Misérables, de celles de Jaurès veillées par la Justice, qu'elles reposent avec leur long cortège d'ombres défigurées. Aujourd'hui, jeunesse, puisses-tu penser à cet homme comme tu aurais approché tes mains de sa pauvre face informe du dernier jour, de ses lèvres qui n'avaient pas parlé ; ce jour-là, elle était le visage de la France...

Ministre d'État chargé des Affaires culturelles de 1959 à 1969, André Malraux rédige et prononce ce vibrant discours d'hommage à Jean Moulin lors du transfert des cendres du résistant au Panthéon. Dans cette oraison funèbre, Malraux donne à Jean Moulin la dimension d'un héros national. Le discours débute par le parachutage de Moulin en zone sud afin d'unifier les réseaux de résistance. Il rappelle la création au printemps 1943 du Conseil national de la résistance mais ne précise pas que Moulin en est le Président. Ce discours adressé à de Gaulle met constamment en avant son rôle. Victime d'une trahison, Jean Moulin est arrêté par la Gestapo le 21 juin 1943. Torturé à Lyon sous les ordres de Klaus Barbie puis à Paris, il ne parle pas et meurt lors de son transfert en Allemagne. L'entrée des cendres de Moulin au Panthéon sert le mythe d'une France résistante, unie autour du Général. Sont passées sous silence les discordes et la guerre civile, l'adhésion au régime de Vichy, la collaboration et la déportation des Juifs. Pour grossir les rangs du « peuple de l'ombre » ou par méconnaissance, Malraux ne fait pas la différence entre les camps de concentration et d'extermination. Tous les concentrationnaires deviennent des résistants.

Diffusée en direct à la télévision, cette cérémonie participe à la construction d'une mémoire officielle de la Seconde Guerre mondiale. Elle réconcilie les Français encore tourmentés par les « années noires » et plus récemment divisés par la guerre d'Algérie qui ne porte pas encore son nom.

CHARLES DE GAULLE

« Vive le Québec libre ! »

Montréal, Hôtel de ville, 24 juillet 1967

C'est une immense émotion qui remplit mon cœur en voyant devant moi la ville française de Montréal. Au nom du vieux pays, au nom de la France, je vous salue de tout mon cœur. Je vais vous confier un secret que vous ne répéterez pas. Ce soir ici, et tout le long de ma route, je me trouvais dans une atmosphère du même genre que celle de la Libération. Outre cela, j'ai constaté quel immense effort de progrès, de développement, et par conséquent d'affranchissement vous accomplissez ici et c'est à Montréal qu'il faut que je le dise, parce que, s'il y a au monde une ville exemplaire par ses réussites modernes, c'est la vôtre. Je dis c'est la vôtre et je me permets d'ajouter c'est la nôtre.

Si vous saviez quelle confiance la France, réveillée après d'immenses épreuves, porte vers vous, si vous saviez quelle affection elle recommence à ressentir pour les Français du Canada et si vous saviez à quel point elle se sent obligée à concourir à votre marche en avant, à votre progrès ! C'est pourquoi elle a conclu avec le gouvernement du Québec, avec celui de mon ami Johnson, des accords, pour que les Français de part et d'autre de l'Atlantique travaillent ensemble à une même œuvre française. […]

Voilà ce que je suis venu vous dire ce soir en ajoutant que j'emporte de cette réunion inouïe de Montréal un souvenir inoubliable. La France entière sait, voit, entend, ce qui se passe ici et je puis vous dire qu'elle en vaudra mieux.

Vive Montréal ! Vive le Québec !

Vive le Québec libre !

Vive le Canada français ! Et vive la France !

La « politique de grandeur » du général de Gaulle se manifeste par une politique d'indépendance nationale et un soutien réservé à son allié américain. Lors de ses voyages au Mexique en 1964 ou au Cambodge en 1966, de Gaulle s'aventure sur les « chasses gardées des États-Unis » et prononce des discours marqués par un net antihégémonisme américain. Il adopte cette même attitude provocatrice au Canada, où il se rend du 23 au 26 juillet 1967, à l'invitation de Daniel Johnson, Premier ministre du Québec.

L'accueil des francophones est très chaleureux. De Gaulle est acclamé aux cris de « Vive le Canada français ! » ou « Québec libre ! » À Montréal, il est reçu à l'Hôtel de ville par le maire Jean Drapeau. De Gaulle s'adresse de sa propre initiative à la foule. Son intervention est improvisée mais s'inspire de ses autres discours québécois. Il rappelle les liens de la France et du Québec, constate les transformations de la province et présente l'avenir dans le cadre d'une solidarité francophone. Mais il va plus loin en comparant la situation du Québec à celle de la France occupée et lance le fameux : « Vive le Québec libre ! » Les acclamations du public n'arrivent qu'après un court silence vu la portée du propos. Le gouvernement fédéral canadien accuse le Président français de s'être ingéré dans ses affaires internes. De Gaulle doit écourter son séjour et regagne Paris. C'est la plus grande crise franco-canadienne de l'histoire mais elle fit connaître le Québec à travers le monde et de Gaulle de conclure « Je n'aurais pas été de Gaulle si je ne l'avais pas fait. »

CHARLES DE GAULLE

« Dans les circonstances présentes, je ne me retirerai pas »

Paris, 30 mai 1968

Françaises, Français,

[…] Dans les circonstances présentes, je ne me retirerai pas. J'ai un mandat du peuple. Je le remplirai. Je ne changerai pas le Premier ministre dont la valeur et la solidité, la capacité méritent l'hommage de tous. […]

Je dissous aujourd'hui l'Assemblée nationale. […] Quant aux élections législatives, elles auront lieu dans les délais prévus par la Constitution, à moins qu'on n'entende bâillonner le peuple français tout entier en l'empêchant de s'exprimer en même temps qu'on l'empêche de vivre, par les mêmes moyens qu'on empêche les étudiants d'étudier, les enseignants d'enseigner, les travailleurs de travailler. Ces moyens, ce sont l'intimidation, l'intoxication et la tyrannie exercées par des groupes organisés de longue main en conséquence, et par un parti qui est une entreprise totalitaire, même s'il a déjà des rivaux à cet égard. Si donc cette situation de force se maintient, je devrai, pour maintenir la République, prendre, conformément à la Constitution, d'autres voies que le scrutin immédiat du pays. En tout cas, partout et tout de suite, il faut que s'organise l'action civique. […]

La France, en effet, est menacée de dictature. On veut la contraindre à se résigner à un pouvoir qui s'imposerait dans le désespoir national, lequel pouvoir serait alors évidemment essentiellement celui du vainqueur, c'est-à-dire celui du communisme totalitaire. […]

Eh bien non ! La République n'abdiquera pas. Le peuple se ressaisira. Le progrès, l'indépendance et la paix l'emporteront avec la liberté.

Vive la République! Vive la France !

Au printemps 1968, la jeunesse française se révolte contre une société qu'elle juge trop conservatrice. Le mouvement étudiant, animé par divers mouvements gauchistes, couvre de barricades le Quartier latin. À la mi-mai, dix millions de grévistes s'ajoutent à la contestation et paralysent le pays. La signature des accords de Grenelle avec les syndicats le 27 mai ne résout pas la crise sociale car ils sont rejetés par la base. On glisse alors vers la crise politique. Pour l'opposant François Mitterrand, le pouvoir est vacant. Le 30 mai, après avoir consulté la veille le général Massu à Baden-Baden, de Gaulle prononce cette allocution. Il rappelle qu'il est le détenteur de la légitimité nationale et rejette toutes les demandes de l'opposition. Il se maintient au pouvoir avec son Premier ministre Georges Pompidou et dénonce un complot communiste contre la démocratie. Afin de permettre aux Français de s'exprimer, il décide de dissoudre l'Assemblée nationale. Pour mettre fin à la crise, il menace d'utiliser l'article 16 qui lui donnerait les pleins pouvoirs.

De Gaulle rassure une grande partie des Français, lassés du désordre et de la violence. Moins d'une heure après ce discours, les Champs-Élysées sont envahis par plus de cinq cent mille manifestants qui affichent leur soutien au Président. Les électeurs votent aussi massivement pour les gaullistes aux élections législatives de juin 1968. Le pouvoir pour autant est affaibli. De Gaulle se sépare de Pompidou tenu responsable de l'échec de la gestion sociale puis démissionne un an plus tard.

JACQUES CHABAN-DELMAS
« La nouvelle société »

Paris, Palais-Bourbon, 16 septembre 1969

[...] Le malaise que notre mutation accélérée suscite, tient, pour une large part aux faits multiples que nous vivons dans une société bloquée. [...] De cette société bloquée, je retiens trois éléments essentiels, au demeurant liés les uns aux autres de la façon la plus étroite : la fragilité de notre économie, le fonctionnement souvent défectueux de l'État, enfin l'archaïsme et le conservatisme de nos structures sociales. [...] Nous sommes encore un pays de castes. Des écarts excessifs de revenus, une mobilité sociale insuffisante, maintiennent des cloisons anachroniques entre les groupes sociaux. Des préjugés aussi. [...] J'ajoute que ce conservatisme des structures sociales entretient l'extrémisme des idéologies. On préfère trop souvent se battre pour des mots, même s'ils recouvrent des échecs dramatiques, plutôt que pour des réalités. C'est pourquoi nous ne parvenons pas à accomplir des réformes autrement qu'en faisant semblant de faire des révolutions. La société française n'est pas encore parvenue à évoluer autrement que par crises majeures. [...] Le nouveau levain de jeunesse, de créativité, d'invention qui secoue notre vieille société peut faire lever la pâte de formes nouvelles et plus riches de démocratie et de participation, dans tous les organismes sociaux comme dans un État assoupli, décentralisé et désacralisé. Nous pouvons donc entreprendre de construire une nouvelle société. [...] Cette société nouvelle, quant à moi, je la vois comme une société prospère, jeune, généreuse et libérée.

Après des études de droit, Jacques Delmas (1915-2000) intègre l'Inspection des finances. En 1940, il entre en résistance et prend le pseudonyme de Chaban qu'il conserve après guerre. Maire de Bordeaux à partir de 1947, il est membre de plusieurs gouvernements de la IVᵉ République puis Président de l'Assemblée nationale de 1958 à 1969. Il représente les « gaullistes » de gauche, d'où sa nomination comme Premier ministre en juin 1969. Georges Pompidou, nouvellement élu, veut atténuer la bipolarisation droite-gauche par l'ouverture au « centre ». Chaban-Delmas s'entoure d'hommes venus du syndicalisme (Jacques Delors) et du centre gauche (Simon Nora).

Dans ce discours tenu trois mois après son investiture, Chaban-Delmas présente aux députés son programme de réformes. Il jette les bases d'une « nouvelle société » fondée sur la participation, la concertation et la solidarité. Cette politique entend répondre aux problèmes posés par la crise de Mai 68, interprétée comme la preuve que la société française est une « société bloquée ». Mais son action divise les Gaullistes et irrite le Président. Le 5 juillet 1972, Pompidou le contraint à la démission et le remplace par Pierre Messmer, également gaulliste mais plus conservateur.

Chaban-Delmas poursuit sa carrière politique. S'il connaît un échec dès le premier tour des présidentielles en 1974, il reste l'indétrônable maire de Bordeaux jusqu'en 1995 et préside à plusieurs reprises l'Assemblée nationale et le Conseil général d'Aquitaine.

SIMONE VEIL
Pour la dépénalisation de l'avortement

Paris, Palais-Bourbon, 26 novembre 1974

[…] La situation actuelle est mauvaise. Je dirai même qu'elle est déplorable et dramatique. Elle est mauvaise parce que la loi est ouvertement bafouée, pire même, ridiculisée. […] Mais, me direz-vous, pourquoi avoir laissé la situation se dégrader ainsi et pourquoi la tolérer ? Pourquoi ne pas faire respecter la loi ? […]

Parce que si des médecins, si des personnels sociaux, si même un certain nombre de citoyens participent à ces actions illégales, c'est bien qu'ils s'y sentent contraints ; en opposition parfois avec leurs convictions personnelles, ils se trouvent confrontés à des situations de fait qu'ils ne peuvent méconnaître. Parce qu'en face d'une femme décidée à interrompre sa grossesse, ils savent qu'en refusant leur conseil et leur soutien ils la rejettent dans la solitude et l'angoisse d'un acte perpétré dans les pires conditions, qui risque de la laisser mutilée à jamais. Ils savent que la même femme, si elle a de l'argent, si elle sait s'informer, se rendra dans un pays voisin ou même en France dans certaines cliniques et pourra, sans encourir aucun risque ni aucune pénalité, mettre fin à sa grossesse. Et ces femmes, ce ne sont pas nécessairement les plus immorales ou les plus inconscientes. Elles sont trois cent mille chaque année. Ce sont celles que nous côtoyons chaque jour et dont nous ignorons la plupart du temps la détresse et les drames. […]

C'est à ce désordre qu'il faut mettre fin. C'est cette injustice qu'il convient de faire cesser. […]

La place de la femme dans la société a connu depuis 1945 de profonds bouleversements. Dès les années soixante, les mouvements féministes réclament la maîtrise du corps et de la procréation. La pilule contraceptive est autorisée en 1967 par la loi Neuwirth. L'interruption volontaire de grossesse (IVG) est interdite, mais la loi n'est que peu appliquée. En 1971, *Le Nouvel Observateur* publie le manifeste des trois cent quarante-trois femmes qui affirment s'être fait avorter. L'année suivante, au procès de Bobigny, l'avocate Gisèle Halimi mobilise l'opinion publique.

Élu en 1974, Valéry Giscard d'Estaing se montre favorable à une réforme et c'est Simone Veil, ministre de la Santé, qui la conduit. Le gouvernement souhaite alors en terminer avec l'hypocrisie qui entoure la pratique de l'avortement. La magistrate soutient qu'il s'agit d'un problème de société sans vouloir pour autant banaliser cette pratique. Ce texte suscite un violent débat et des réactions extrêmement hostiles à l'égard, entre autres, de Simone Veil. Il est voté avec le soutien de l'opposition, entre en vigueur le 17 janvier 1975 pour cinq ans et devient définitif en 1980.

Simone Veil reste ministre de la Santé jusqu'en 1979. Elle est alors élue au Parlement européen et en devient présidente jusqu'en 1982. Elle revient au gouvernement de 1993 à 1995 puis est membre du Conseil constitutionnel de 1998 à 2007. Elle siège aujourd'hui à l'Académie française. Ancienne déportée, elle est aussi présidente d'honneur de la Fondation pour la mémoire de la Shoah.

VALÉRY GISCARD D'ESTAING

« Au revoir »

Paris, 19 mai 1981

Françaises, Français,

Il y a sept ans, le peuple français me confiait la destinée de notre pays. Cela a été un grand honneur. [...] Aujourd'hui, la volonté du plus grand nombre a choisi un nouveau président. [...]

Si notre pays n'a pas connu toute la prospérité que je voulais pour lui, nous avons maintenu pendant sept ans la solidité du franc, limité le déficit budgétaire, rétabli l'équilibre de la sécurité sociale, et sauvé ainsi nos régimes sociaux. Je voulais aussi que les Français soient fiers de la France. [...] Nous avons lancé de grands projets, notre programme d'indépendance énergétique poursuivi sans défaillance faisait l'admiration du monde. J'ai développé l'entente franco-allemande, pour consolider l'Europe, j'ai maintenu ouvert le dialogue pour la paix. [...]

Je resterai attentif à tout ce qui concerne l'intérêt de la France. Tourné vers l'avenir et fort de l'expérience acquise, je ferai en sorte de me tenir à la disposition de mon pays pour défendre les principes et les idées qui ont guidé ma vie et inspiré mon action de sept ans. Avant de vous quitter, je vous souhaite bonne chance à chacune et à chacun d'entre vous. Oui, bonne chance du fond du cœur, sans amertume vis-à-vis des uns et avec une chaude reconnaissance pour les autres. Mes vœux vont aussi à celui que les Français ont choisi pour être le premier d'entre eux. Et dans ces temps difficiles, où le mal rôde et frappe dans le monde, je souhaite que la Providence veille sur la France, pour son bonheur, pour son bien et pour sa grandeur. Au revoir.

Issu de la haute bourgeoisie, diplômé de polytechnique et de l'ENA, Valéry Giscard d'Estaing, né en 1926, devient ministre des Finances en 1962. Le 19 mai 1974, ce « républicain indépendant » est élu Président face au socialiste François Mitterrand. À 48 ans, il entend rajeunir la fonction et annonce la création d'une « société libérale avancée ». Giscard initie des réformes majeures : majorité à 18 ans, divorce par consentement mutuel, loi Veil sur l'IVG. La droite gaulliste trouve ces réformes trop audacieuses et prend ses distances avec sa politique européiste. Jacques Chirac, Premier ministre, démissionne en 1976 et crée le RPR. L'économiste qui le remplace, Raymond Barre, tente de combattre la crise économique par une politique de rigueur très impopulaire. Impuissant face à la récession, et devant faire face à la rivalité avec Chirac, Giscard est battu par Mitterrand au second tour des présidentielles, le 10 mai 1981. C'est l'alternance.

Le 19 mai, sept ans jours pour jour après son arrivée à la tête de l'état, VGE s'adresse une dernière fois aux Français. Après avoir tiré un rapide bilan de son action, il passe aux « adieux ». Puis, sur fond de Marseillaise, il quitte le plateau tout en restant filmé. Cette mise en scène du départ et du vide qui s'ensuit est restée célèbre.

Président de la région Auvergne de 1986 à 2004, Giscard a œuvré à son désenclavement. Fervent européen, il a dirigé la Convention qui a proposé en 2003 une Constitution pour l'Union européenne et siège depuis 2004 au Conseil constitutionnel, dont il est membre de plein droit.

FRANÇOIS MITTERRAND
Discours d'investiture

Paris, Palais de l'Élysée, 21 mai 1981

[...] En ce jour où je prends possession de la plus haute charge, je pense à ces millions et ces millions de femmes et d'hommes, ferment de notre peuple qui, deux siècles durant, dans la paix et la guerre, par le travail et par le sang, ont façonné l'Histoire de France, sans y avoir accès autrement que par de brèves et glorieuses fractures de notre société.

C'est en leur nom d'abord que je parle, fidèle à l'enseignement de Jaurès, alors que, troisième étape d'un long cheminement, après le Front populaire et la Libération, la majorité politique des Français démocratiquement exprimée vient de s'identifier à sa majorité sociale.

Il est dans la nature d'une grande nation de concevoir de grands desseins. Dans le monde d'aujourd'hui, quelle plus haute exigence pour notre pays que de réaliser la nouvelle alliance du socialisme et de la liberté, quelle plus belle ambition que de l'offrir au monde de demain ?

C'est, en tout cas, l'idée que je m'en fais et la volonté qui me porte, assuré qu'il ne peut y avoir d'ordre et de sécurité là où règnerait l'injustice, gouvernerait l'intolérance. C'est convaincre qui m'importe et non vaincre.

Il n'y a eu qu'un vainqueur le 10 mai 1981, c'est l'espoir. Puisse-t-il devenir la chose de France la mieux partagée ! Pour cela j'avancerai sans jamais me lasser sur le chemin du pluralisme, confrontation des différences dans le respect d'autrui. Président de tous les Français, je veux les rassembler pour les grandes causes qui nous attendent et créer en toutes circonstances les conditions d'une véritable communauté nationale. [...]

Issu d'un milieu de droite, François Mitterrand (1916-1996) adhère au socialisme sous la IVᵉ République et participe à de nombreux gouvernements. Dès 1958, il s'oppose farouchement à de Gaulle et critique les institutions de la Vᵉ République. Il rassemble les socialistes, devient leur premier secrétaire lors du Congrès d'Épinay en 1971 et mène une stratégie d'union avec le PCF.

Après deux échecs aux élections présidentielles, il l'emporte sur Valéry Giscard d'Estaing le 10 mai 1981 avec 51,75 % des suffrages. C'est la première alternance sous la Ve République et son discours d'investiture, le 21 mai, s'inscrit résolument à gauche même si Mitterrand se veut rassembleur.

Dès le lendemain, il dissout l'Assemblée nationale. Les socialistes obtiennent la majorité absolue, c'est la « vague rose ». Le gouvernement formé par Pierre Mauroy compte pour la première fois depuis 1947 quatre ministres communistes. Un vaste programme de réformes issu des cent dix propositions de campagne est voté. Il ambitionne de « changer la vie » par la mise en place de la démocratie sociale. Face à la récession et au chômage, les socialistes optent pour une politique de relance : augmentation des bas salaires et des prestations sociales, semaine de trente-neuf heures, cinquième semaine de congés payés, retraite à soixante ans, nationalisations. Mais confronté au déficit budgétaire, à l'inflation et à la progression du chômage, Pierre Mauroy met en place dès 1983 une politique de rigueur. Elle entraîne la démission des ministres communistes et la fin de l'état de grâce.

ROBERT BADINTER

« Demain vous voterez l'abolition de la peine de mort »

Paris, Palais-Bourbon, 17 septembre 1981

Il se trouve que la France aura été, en dépit de tant d'efforts coura-geux l'un des derniers pays, presque le dernier – et je baisse la voix pour le dire – en Europe occidentale, dont elle a été si souvent le foyer et le pôle, à abolir la peine de mort.

En fait, ceux qui croient à la valeur dissuasive de la peine de mort méconnaissent la vérité humaine. La passion criminelle n'est pas plus arrêtée par la peur de la mort que d'autres passions ne le sont qui, celles-là, sont nobles. […]

Voici la première évidence : dans les pays de liberté, l'abolition est presque partout la règle ; dans les pays où règne la dictature, la peine de mort est partout pratiquée. Ce partage du monde ne résulte pas d'une simple coïncidence, mais exprime une corrélation. La vraie signification politique de la peine de mort, c'est bien qu'elle procède de l'idée que l'État a le droit de disposer du citoyen jusqu'à lui retirer la vie. C'est par là que la peine de mort s'inscrit dans les systèmes totalitaires. […]

Parce qu'aucun homme n'est totalement responsable, parce qu'aucune justice ne peut être absolument infaillible, la peine de mort est mora-lement inacceptable. Pour ceux d'entre nous qui croient en Dieu, lui seul a le pouvoir de choisir l'heure de notre mort. Pour tous les aboli-tionnistes, il est impossible de reconnaître à la justice des hommes ce pouvoir de mort parce qu'ils savent qu'elle est faillible. […]

Demain, vous voterez l'abolition de la peine de mort. Législateurs français, de tout mon cœur, je vous en remercie.

Le 10 mai 1981, la gauche remporte les élections présidentielles. C'est l'alternance. Dans un climat d'« état de grâce » et portée par la « vague rose » des législatives de juin, la gauche entend réaliser son programme électoral. L'abolition de la peine de mort est l'une des « cent dix propositions pour la France » du candidat Mitterrand. La nomination de Robert Badinter comme garde des sceaux du gouvernement Mauroy est décisive. Ce brillant avocat et universitaire, clairement engagé à gauche, est depuis les années 1970 un fervent opposant à la peine capitale.

Dans ce long discours qu'il prononce à l'Assemblée nationale, Robert Badinter cherche à emporter la conviction des députés et de l'opinion publique. Comment expliquer le maintien de la peine de mort dans le pays « des droits de l'homme » alors que les autres démocraties européennes l'ont abolie ? Il relate les étapes d'un combat politique long de deux cents ans derrière de grandes figures telles Victor Hugo ou Jean Jaurès. Il répond aux différentes polémiques : l'existence de la peine de mort ne diminue pas le nombre d'homicides, l'État démocratique ne peut avoir le droit de vie ou de mort sur ses citoyens, même par le droit de grâce. Il argumente sur la complexité de la nature humaine, la faillibilité de la justice et soulève la question morale et religieuse.

Suite à ce discours, la loi votant l'abolition de la peine de mort est adoptée le lendemain à l'Assemblée, par trois cent soixante-trois voix contre cent dix-sept, et six abstentions. En 2014, plus de deux tiers des pays du monde ont aboli la peine de mort en droit ou en pratique.

FRANÇOIS MITTERRAND
La première cohabitation

Paris, Palais-Bourbon, 8 avril 1986

[…] Depuis 1958 et jusqu'à ce jour, le Président de la République a pu remplir sa mission en s'appuyant sur une majorité et un gouvernement qui se réclamaient des mêmes options que lui. Tout autre, nul ne l'ignore, est la situation issue des dernières élections législatives.

Pour la première fois, la majorité parlementaire relève de tendances politiques différentes de celles qui s'étaient rassemblées lors de l'élection présidentielle, ce que la composition du gouvernement exprime, comme il se doit.

Devant un tel état de choses, qu'ils ont pourtant voulu, beaucoup de nos concitoyens se posent la question de savoir comment fonctionneront les pouvoirs publics. À cette question, je ne connais qu'une réponse, la seule possible, la seule raisonnable, la seule conforme aux intérêts de la nation : la Constitution, rien que la Constitution, toute la Constitution. [...]

La Constitution attribue au chef de l'État des pouvoirs que ne peut en rien affecter une consultation électorale où sa fonction n'est pas en cause. Fonctionnement régulier des pouvoirs publics, continuité de l'État, intégrité du territoire, respect des traités, l'article 5 désigne de la sorte [...] les domaines où s'exercent l'autorité du Président ou bien son arbitrage. [...]

Le gouvernement, de son côté, a pour charge, aux termes de l'article 20, de déterminer et de conduire la politique de la nation. [...]

Cela étant clairement établi, Président et gouvernement ont à rechercher, en toutes circonstances, les moyens qui leur permettront de servir au mieux et d'un commun accord les grands intérêts du pays. [...]

Les élections législatives de mars 1986 amènent une situation inédite. L'alliance RPR-UDF, conduite par Jacques Chirac, sort victorieuse avec 43,9 % des suffrages exprimés. François Mitterrand, président issu du camp socialiste, se voit alors contraint de nommer Chirac Premier ministre. C'est la première cohabitation de la Ve République, situation que la Constitution de 1958 n'avait pas prévue. Le 8 avril, le Président, qui n'a pas le droit de parler devant l'Assemblée, fait lire ce message pour justifier son refus de démissionner. Il s'appuie sur la Constitution qu'il a tant combattue, précise le partage des pouvoirs entre les deux têtes de l'exécutif et se place au-dessus des partis, dans une posture très gaulliste. Il se présente comme garant de la continuité de l'État. Cette dyarchie montre que les institutions de la Ve République sont adaptables même s'il est difficile de séparer nettement tous les pouvoirs. Les réformes et les lois témoignent souvent de compromis. La cohabitation de ces deux personnalités s'avère difficile et elle se termine par leur affrontement lors de l'élection présidentielle de 1988. Mitterrand qui s'est présenté comme le gardien des « acquis sociaux » face à la politique libérale de son Premier ministre est réélu avec 54 % des suffrages. Il nomme à la tête du gouvernement Michel Rocard et dissout l'Assemblée nationale.

La France a connu deux autres cohabitations jusqu'à l'adoption en 2000 du quinquennat. Cette réforme vise à faire coïncider mandats présidentiel et parlementaire afin de faciliter la mise en œuvre du programme gouvernemental.

JACQUES CHIRAC

« La France, ce jour-là, accomplissait l'irréparable »

Paris, Commémoration de la rafle du Vél' d'Hiv, 16 juillet 1995

Il est, dans la vie d'une nation, des moments qui blessent la mémoire et l'idée que l'on se fait de son pays. Ces moments, il est difficile de les évoquer [...]. Oui, la folie criminelle de l'occupant a été secondée par des Français, par l'État français. Il y a cinquante-trois ans, le 16 juillet 1942, quatre cent cinquante policiers et gendarmes français, sous l'autorité de leurs chefs, répondaient aux exigences des nazis. Ce jour-là, dans la capitale et en région parisienne, près de dix mille hommes, femmes et enfants juifs furent arrêtés à leur domicile, au petit matin [...].

La France, patrie des Lumières et des droits de l'homme, terre d'accueil et d'asile, la France, ce jour-là, accomplissait l'irréparable. Manquant à sa parole, elle livrait ses protégés à leurs bourreaux.

Conduites au Vélodrome d'Hiver, les victimes devaient attendre plusieurs jours, dans les conditions terribles que l'on sait, d'être dirigées sur l'un des camps de transit – Pithiviers ou Beaune-la-Rolande – ouverts par les autorités de Vichy. L'horreur, pourtant, ne faisait que commencer.

Suivront d'autres rafles, d'autres arrestations. À Paris et en province. Soixante-quatorze trains partiront vers Auschwitz. Soixante-seize mille déportés juifs de France n'en reviendront pas. Nous conservons à leur égard une dette imprescriptible. [...]

Cet été 1942 [...] sera, pour beaucoup de nos compatriotes, celui du sursaut. [...] Ces « Justes parmi les nations » qui, au plus noir de la tourmente, en sauvant au péril de leur vie [...] les trois-quarts de la communauté juive résidant en France, ont donné vie à ce qu'elle a de meilleur.

© Groupe Eyrolles

Ce discours est prononcé par Jacques Chirac quelques mois après son élection à la présidence. Il commémore, à l'emplacement du Vélodrome d'Hiver, la rafle des 16 et 17 juillet 1942. Le contexte, un demi-siècle plus tard, est celui de la renaissance de l'extrême droite française et la lutte de l'État contre l'intolérance, l'antisémitisme et le racisme.

Pour la première fois, un homme d'État reconnaît la responsabilité des autorités françaises sous l'occupation, dans la collaboration et la déportation de juifs français vers les camps d'extermination. Le régime de Vichy a participé au processus de la Solution finale mise au point par les nazis. Le génocide a conduit à l'extermination de six millions de juifs européens, dont un million et demi d'enfants.

Cette allocution est une rupture puisqu'elle met fin au mythe résistancialiste. Dès la Libération de Paris en août 1944, de Gaulle avait déclaré, dans un souci de réconciliation nationale, que tous les Français avaient peu ou prou été des résistants. Cette mémoire officielle vole en éclat dès les années 1970 : des films, des ouvrages, des procès, dévoilent la réalité de la France des « années noires ».

Le Président Chirac termine son discours en rappelant que si toute la France n'a pas été résistante, elle n'était pas non plus collaboratrice. Les « Justes des nations », sont ceux qui ont porté secours à des juifs persécutés pendant la *Shoah*. Ils sont, près de trois mille en France et le Président leur rend hommage douze ans plus tard au Panthéon. Chirac construit une mémoire plus nuancée de cette période.

REPÈRES CHRONOLOGIQUES

1914   **25 juillet,** Jean Jaurès, « *Je veux espérer encore que le crime ne sera pas consommé* »

4 août, Raymond Poincaré, *Appel à l'Union sacrée*

1917   **14 mars,** Soviet de Petrograd, « *Prolétaires de tous les pays, unissez-vous !* »

4 avril, Lénine, *Les Thèses d'avril*

20 novembre, Georges Clemenceau, « *La guerre, rien que la guerre* »

1918   **8 janvier,** Thomas Woodrow Wilson, *Les « quatorze points »*

1922   **23 mars,** Mahatma Gandhi, « *Le mal ne se maintient que par la violence* »

1925   **3 janvier,** Benito Mussolini, *Discours à la Chambre des députés*

1926   **10 septembre,** Aristide Briand, « *Arrière les fusils, les mitrailleuses, les canons* »

1927   **20 octobre,** Atatürk, *Discours à la jeunesse*

1933   **7 janvier,** Staline, *Bilan du premier plan quinquennal*

4 mars, Roosevelt, *Le « New Deal »*

1936   **6 juin,** Léon Blum, *Programme du Front populaire*

19 juillet, Dolorès Ibarruri, « *¡No pasarán!* »

1938 **4 octobre,** Édouard Daladier, « *Nous avons sauvé la paix* »

1939 **28 avril,** Adolf Hitler, *Discours au Reichstag*

1940 **13 mai,** Winston Churchill, « *Du sang, du labeur, des larmes et de la sueur* »
18 juin, Charles de Gaulle, *Appel du 18 juin*
30 octobre, Philippe Pétain, « *J'entre aujourd'hui dans la voie de la collaboration* »

1941 **8 décembre,** Franklin Delano Roosevelt, « *Une date qui restera marquée par l'infamie* »

1942 **24 décembre,** Pie XII, *Discours de Noël*

1944 **25 août,** Charles de Gaulle, « *Paris libéré !* »

1945 **15 août,** Hirohito, *La capitulation du Japon*
2 septembre, Hô Chi Minh, *Déclaration d'indépendance*

1946 **5 mars,** Winston Churchill, *Le rideau de fer*
16 juin, Charles de Gaulle, *Discours de Bayeux*

1947 **12 mars,** Harry S. Truman, *La doctrine Truman*
22 septembre, Andreï Jdanov, *La doctrine Jdanov*

1948 **14 mai,** David Ben Gourion, *Création de l'État d'Israël*

1950 **20 février,** Joseph McCarthy, *La chasse aux sorcières*
9 mai, Robert Schuman, *La déclaration Schuman*

1954 **1ᵉʳ février,** Abbé Pierre, *Appel de l'hiver 1954*
17 juin, Pierre Mendès France, *Discours d'investiture*

1955 **24 avril,** Nehru, *La conférence de Bandung*

1956   **24-25 février,** Nikita Khrouchtchev, *Le rapport « secret »*

26 juillet, Gamal Abdel Nasser, *La nationalisation du canal de Suez*

4 novembre, Imre Nagy, *Dernier message radiodiffusé*

1957   **27 février,** Mao Zedong, *La campagne des cent fleurs*

1958   **4 juin,** Charles de Gaulle, *« Je vous ai compris »*

1960   **30 juin,** Patrice Lumumba, *Discours de Léopoldville*

1961   **20 janvier,** John F. Kennedy, *Prestation de serment au Capitole*

17 avril, Fidel Castro, *Appel aux armes*

23 avril, Charles de Gaulle, *Le putsch d'Alger*

1ᵉʳ septembre, Tito, *La conférence de Belgrade*

1962   **22 octobre,** John F. Kennedy, *La crise des missiles*

1963   **26 juin,** John F. Kennedy, *« Ich bin ein Berliner »*

28 août, Martin Luther King, *« I have a dream »*

1964   **19 décembre,** André Malraux, *« Entre ici, Jean Moulin, avec ton terrible cortège »*

1965   **22 février,** Ernesto Guevara, *Deuxième séminaire de solidarité afro-asiatique*

1967   **24 juillet,** Charles de Gaulle, *« Vive le Québec libre ! »*

1968   **30 mai,** Charles de Gaulle, *« Dans les circonstances présentes, je ne me retirerai pas »*

14 septembre, Alexander Dubček, *« Ce qui importe aujourd'hui, c'est la normalisation »*

1969 **16 septembre,** Jacques Chaban-Delmas, « *La nouvelle société* »

28 octobre, Willy Brandt, *L'Ostpolitik*

1973 **11 septembre,** Salvador Allende, « *L'Histoire est à nous, c'est le peuple qui la fait !* »

1974 **8 août,** Richard Nixon, « *Je démissionnerai de la présidence demain à midi* »

26 novembre, Simone Veil, *Pour la dépénalisation de l'avortement*

1977 **22 mai,** Jimmy Carter, *La politique des bons sentiments*

19 août, Deng Xiaoping, *Les quatre modernisations*

20 novembre, Anouar El-Sadate, *Discours devant la Knesset*

1979 **2 juin,** Jean-Paul II, *Discours aux autorités civiles polonaises*

1981 **24 février,** Juan Carlos, *Message durant la tentative de coup d'État*

19 mai, Valéry Giscard d'Estaing, « *Au revoir* »

21 mai, François Mitterrand, *Discours d'investiture*

17 septembre, Robert Badinter, « *Demain vous voterez l'abolition de la peine de mort* »

1983 **8 mars,** Ronald Reagan, *L'Empire du Mal*

1986 **8 avril,** François Mitterrand, *La première cohabitation*

1987 **28 juillet,** Ruhollah Khomeyni, *Message aux pèlerins de La Mecque*

21 septembre, Tenzin Gyatso, *Plan de paix en cinq points*

1988 **20 septembre,** Margaret Thatcher, *La Grande-Bretagne et l'Europe*

15 novembre, Yasser Arafat, *Proclamation d'un État palestinien*

1989 **27 avril,** Aung San Suu Kyi, *Se libérer de la peur*

22 novembre, Helmut Kohl, *La réunification allemande*

1991 **6 mars,** George Herbert Walker Bush, *Le nouvel ordre mondial*

25 décembre, Mikhaïl Gorbatchev, « *Je mets fin à mes fonctions de président de l'URSS* »

1994 **10 mai,** Nelson Mandela, « *Une nation arc-en-ciel* »

1995 **16 juillet,** Jacques Chirac, « *La France, ce jour-là, accomplissait l'irréparable* »

4 novembre, Yitzhak Rabin, *Donner une chance à la paix*

2000 **8 septembre,** Assemblée générale des Nations unies, *Déclaration du millénaire*

2002 **29 janvier,** George W. Bush, *L'axe du mal*

INDEX DES NOMS DE PAYS

A

Afrique du Sud 134, 135
Allemagne 11-13, 21, 23, 26, 27, 39-42, 47, 49, 51, 53, 70, 71, 92, 100, 101, 128, 129, 155

B

Birmanie 126, 127

C

Chili 101, 102
Chine 54, 59, 73, 75, 80, 81, 104-106, 108, 109, 120, 121
Congo 82, 83, 97
Cuba 85-87, 90, 91, 93, 96, 97

E

Égypte 76, 77, 107, 111
Espagne 36, 37, 39, 114, 115, 122
États-Unis 20, 21, 27, 32, 33, 44, 45, 48, 49, 54, 55, 58, 59, 62-65, 68, 69, 77, 84, 86, 87, 90, 92-95, 103-107, 111, 116, 117, 119, 130, 140, 141

F

France 8, 10, 12, 13, 18-21, 26, 34, 35, 39, 43-47, 52, 53, 59, 64, 70, 71, 77, 100, 109, 119, 122, 125, 143-173

H

Hongrie 20, 78, 79

I

Inde 22, 23, 73, 121
Irak 73, 119, 130, 131, 140, 141
Iran 107, 118, 119, 140

Israël 66, 67, 77, 107, 110, 111, 118, 119, 124, 125, 136, 137
Italie 20, 21, 24, 25, 49, 64, 71

J

Japon 48, 49, 54, 55

P

Palestine 66, 67, 124, 125, 137
Pologne 39, 41, 64, 67, 79, 101, 112, 113

R

Royaume-Uni 21-23, 39, 42-45, 47, 54, 60, 61, 63-65, 77, 122, 123

S

Serbie 20

T

Tchécoslovaquie/République tchèque 38, 39, 60, 98, 99
Turquie 29, 64, 73, 91

U

URSS / Russie 10, 12-17, 19, 20, 27, 30, 31, 55, 60-63, 68, 74, 75, 79, 81, 83, 85, 87, 91, 97-99, 101, 104-107, 117, 119, 132, 133

V

Vatican 50, 51, 113, 114
Vietnam 58, 59, 73, 97, 105

Y

Yougoslavie 73, 79, 88, 89

© Groupe Eyrolles

INDEX DES NOMS DE PERSONNE

A

Abbé Pierre 146, 147
Allende, Salvador 102, 103
Arafat, Yasser 124, 125, 137
Atatürk 28, 29
Aung San Suu Kyi 126, 127

B

Badinter, Robert 168, 169
Ben Gourion, David 66, 67
Blum, Léon 34, 35, 37, 39
Brandt, Willy 93, 100, 101
Briand, Aristide 26, 27
Bush, George Herbert Walker 117, 130, 131, 141
Bush, George Walker junior 140, 141

C

Carter, Jimmy 106, 107, 117, 119
Castro, Fidel 86, 87, 91, 97
Chaban-Delmas, Jacques 160, 161
Chirac, Jacques 165, 171-173
Churchill, Winston 42, 43, 45, 60, 61, 63
Clemenceau, Georges 18, 19
Clinton, Bill 131

D

Daladier, Édouard 35, 38, 39
De Gaulle, Charles 44, 45, 52, 53, 144, 145, 150-153, 155-159, 167, 173
Deng Xiaoping 108, 109, 121
Dubček, Alexander 98, 99

E

Eisenhower, Dwight David 69
El-Sadate, Anouar 110, 111
Eltsine, Boris 133

F

Franco, Francisco 37, 47, 115

G

Gandhi, Mohandas 22, 23, 73, 95, 127
Giscard d'Estaing, Valéry 163-165, 167
Gorbatchev, Mikhaïl 117, 131-133
Guevara, Ernesto 96, 97

H

Hirohito 54, 55
Hitler, Adolf 37, 39-41, 43, 47
Hô Chi Minh 58, 59
Hussein, Saddam 131

I

Ibarruri, Dolores, dite La Pasionaria 36, 37

J

Jaurès, Jean 10, 11, 166, 169
Jdanov, Andreï 64, 65
Jean-Paul II 112, 113
Juan Carlos 114, 115

K

Kemal, Mustapha Pacha, dit Atatürk 28, 29
Kennedy, John Fitzgerald 84, 85, 87, 90-93
Khomeyni, Ruhollah 107, 118, 119
Khrouchtchev, Nikita 74, 75, 79, 81, 85, 91, 93, 97
King, Martin Luther 94, 95, 127
Kohl, Helmut 128, 129

L

Lénine 15-17, 31, 74, 75
Lumumba, Patrice 82, 83

M

Malraux, André 154, 155
Mandela, Nelson 134, 135
Mao Zedong 59, 75, 80, 81, 105, 109
McCarthy, Joseph 68, 69
Mendès France, Pierre 148, 149
Mitterrand, François 129, 159, 165-167,
    169-171
Monnet, Jean 71, 128
Mussolini, Benito 24, 25, 37, 39

N

Nagy, Imre 78, 79
Nasser, Gamal Abdel 73, 76, 77, 89, 111
Nehru, Jawaharlal 72, 73, 89
Nixon, Richard 103-105

P

Pétain, Philippe 45-47
Pie XII 50, 51
Pinochet, Augusto 103
Poincaré, Raymond 12, 13, 19
Pompidou, Georges 159, 161

R

Rabin, Yitzhak 136, 137
Reagan, Ronald 107, 116, 117, 131, 133
Roosevelt, Franklin Delano 32, 33, 48,
    49, 61, 63

S

Schuman, Robert 70, 71, 128
Senghor, Léopold Sédar 73
Staline, Joseph 30, 31, 61, 69, 74, 75

T

Tenzin Gyatso 120, 121
Thatcher, Margaret 122, 123
Tito, Josip Broz 73, 88, 89
Truman, Harry S. 61-63, 65

V

Veil, Simone 162, 163, 165

W

Wilson, Thomas Woodrow 20, 21

BIBLIOGRAPHIE

AUNG SAN SUU KYI, ARIS Michael, *Se libérer de la peur*, Éditions des femmes-Antoinette Fouque, Paris, 1991.

BECKER Jean-Jacques, ORY Pascal, *Nouvelle histoire de la France contemporaine, Crises et alternances* (1974-2000), Seuil, Paris, 2002.

BECKER Jean-Jacques, BERSTEIN Serge, *Nouvelle histoire de la France contemporaine, Victoire et frustrations*, 1914-1929, Seuil, Paris, 1990.

BERSTEIN Gisèle et Serge, *Dictionnaire historique de la France contemporaine*, tome I 1870-1945, Complexe, Bruxelles, 1995.

BERSTEIN Serge, *La France des années 1930*, Armand Colin, Paris, 2011.

BERSTEIN Serge, MILZA Pierre, *Histoire de la France au XXe siècle*, tome III 1945-1958, Complexe, Bruxelles, 1991.

BERSTEIN Serge, *Nouvelle histoire de la France contemporaine, La République gaullienne* (1958-1969), Seuil, Paris, 1989.

BERSTEIN Serge, RIOUX Jean-Pierre, *Nouvelle histoire de la France contemporaine, L'apogée Pompidou* (1969-1974), Seuil, Paris, 1995.

BOGDAN Henry, *Histoire des pays de l'Est des origines à nos jours*, Perrin, Paris, 1990.

CANAL Jordi, *Histoire de l'Espagne contemporaine de 1808 à nos jours*, Armand Colin, Paris, 2009.

CLOAREC Vincent, LAURENS Henry, *Le Moyen-Orient au XXe siècle*, Armand Colin, Paris, 2005.

CORDELLIER Serge (sous la dir. de) *Le Dictionnaire historique et géopolitique du 20e siècle*, La Découverte, Paris, 2005.

Droz Bernard, *Histoire de la décolonisation au XXe siècle*, Seuil, Paris, 2006.

DURAND Yves, *La France dans la deuxième guerre mondiale, 1939-1945*, Armand Colin, Paris, 2011.

DURAND Yves, *Histoire générale de la Deuxième Guerre mondiale,* Complexe, Bruxelles, 1997.

FONTAINE André, *La guerre froide (1917-1991),* Seuil, Paris, 2006.

KASPI André, *Les Américains, tomes I et II,* Seuil, Paris, 2002.

LACOUTURE Jean, *De Gaulle,* tome II, *Le politique (1944-1959)* et tome III, *Le souverain (1959-1970),* Seuil, Paris, 1990.

MILZA Pierre, *Les Fascismes,* Seuil, Paris, 2001.

ROBERT Frédéric, *L'Histoire américaine à travers les présidents américains et leurs discours d'investiture (1789-2001),* Ellipses, Paris, 2001.

ROVAN Joseph, *Histoire de l'Allemagne, des origines à nos jours,* Seuil, Paris, 1998.

ROUX Alain, *La Chine contemporaine,* Armand Colin, Paris, 2010.

SFEIR Antoine (sous la direction de), *Dictionnaire du Moyen-Orient,* Bayard, Paris, 2011

VAISSE Maurice, *Les Relations internationales depuis 1945,* Armand Colin, Paris, 2011.

VEIL Simone, *Les hommes aussi s'en souviennent,* Stock, Paris, 2004.

WERTH Nicolas, *Histoire de l'Union soviétique : de l'Empire russe à l'Union soviétique, 1900-1990,* PUF, Paris, 2001.

SOURCES ET CRÉDITS

Partie 1

p. 10 Jean Jaurès (discours du 25 juillet 1914) : www.jaures.eu/ressources/de_jaures/discours-de-vaise-25-juillet-1914/

p. 12 Raymond Poincaré (discours du 4 août 1914) : www.verdun-meuse.fr/index.php?qs=fr/ressources/lecture-de-rene-viviani-aux-chambres-du-messa

p. 14 Soviet de Petrograd (appel du 14 mars 1917) : www.lescommunistes.org/spip.php?article274

p. 16 Lénine (discours du 4 avril 1917) : *La Pravda*, 20 avril 1917. Cité par Jean-Louis Van Regemorter, *La Russie et l'ex-URSS de 1914 à nos jours*, Paris, Armand Colin, 1996, p.48 / http://icp.ge.ch/po/cliotexte/russie-et-revolutions/russie.revolution.1917.html

p. 18 Georges Clemenceau (discours du 20 novembre 1917) : www.senat.fr/comptes-rendus-seances/3eme/pdf/1917/11/S19171120_0983_0987.pdf

p. 20 Thomas W. Wilson (discours du 8 janvier 1918) : http://icp.ge.ch/po/cliotexte/la-premiere-guerre-mondiale/wilson.sdn.html

p. 22 Gandhi (discours du 23 mars 1922) : http://histoire.comze.com/gandhi23mars1922.pdf

p. 24 Benito Mussolini (discours du 3 janvier 1925) : http://citations.savoir.fr/benito-mussolini

p. 26 Aristide Briand (discours du 10 septembre 1926) : manuel d'*Histoire 1ʳᵉ L-ES-S*, sous la direction de Jean-Michel Lambin, Hachette Éducation, 2003

p. 28 Atatürk (discours du 20 octobre 1927) : www.nds.k12.tr/Discours-a-la-jeunesse-turque

p. 30 Staline (discours du 7 janvier 1933) : http://classiques.chez-alice.fr/staline/t8.pdf

p. 32 Franklin D. Roosevelt (discours du 4 mars 1933) : http://histoire.comze.com/roosevelt4mars1933.pdf

p. 34 Léon Blum (discours du 6 juin 1936) : www.assemblee-nationale.fr/histoire/Leon_Blum.asp

p. 36 Dolores Ibarruri (discours du 19 juillet 1936) : http://histoire.comze.com/ibarruri19juillet1936.pdf

p. 38 Édouard Daladier (discours du 4 octobre 1938) : manuel d'*Histoire 1ʳᵉ L-ES-S*, sous la direction de Guillaume Le Quintrec, Nathan, 2007

p. 40 Adolf Hitler (discours du 28 avril 1939) : manuel d'*Histoire* Iʳᵉ L-ES-S, sous la direction de Jacques Marseille, Nathan, 2007

p. 42 Winston Churchill (discours du 13 mai 1940) : http://histoire.comze.com/churchill13mai1940.pdf

p. 44 Charles de Gaulle (appel du 18 juin 1940) : www.charles-de-gaulle.org/pages/l-homme/dossiers-thematiques/1940-1944-la-seconde-guerre-mondiale/l-appel-du-18-juin/documents/l-appel-du-18-juin-1940.php / © Plon

p. 46 Philippe Pétain (allocution du 30 octobre 1940) : www.charles-de-gaulle.org/pages/l-homme/dossiers-thematiques/1940-1944-la-seconde-guerre-mondiale/l-appel-du-18-juin/documents/discours-du-17-juin-1940-du-marechal-petain.php

p. 48 Franklin D. Roosevelt (discours du 8 décembre 1941) : http://histoire.comze.com/roosevelt8decembre1941.pdf VO seulement

p. 50 Pie XII (discours du 24 décembre 1942) : www.la-croix.com/Religion/Approfondir/Documents/Message-de-Noel-de-Pie-XII-du-24-decembre-1942-_NG_-2009-12-21-570648 / © Libreria Editrice Vaticana 2014

p. 52 Charles de Gaulle (discours du 25 août 1944) : www.charles-de-gaulle.org/pages/espace-pedagogique/le-point-sur/les-textes-a-connaitre/discours-de-lrsquohotel-de-ville-25-aout-1944.php / © Plon

p. 54 Hirohito (discours du 15 août 1945) : http://perspective.usherbrooke.ca/bilan/servlet/BMDictionnaire?iddictionnaire=1725 / © Perspective- Université de Sherbrooke

Partie 2

p. 58 Hô Chi Minh (discours du 2 septembre 1945) : http://perspective.usherbrooke.ca/bilan/servlet/BMDictionnaire?iddictionnaire=1727 / © Perspective- Université de Sherbrooke

p. 60 Winston Churchill (discours du 5 mars 1946) : http://perspective.usherbrooke.ca/bilan/servlet/BMDictionnaire?iddictionnaire=1448 / © Perspective- Université de Sherbrooke

p. 62 Harry Truman (discours du 12 mars 1947) : http://mjp.univ-perp.fr/textes/truman12031947.htm

p. 64 Andreï Jdanov (discours du 22 septembre 1947) : http://perspective.usherbrooke.ca/bilan/servlet/BMDictionnaire?iddictionnaire=1457 extraits de Charles Zorgbibe, *Textes de politique internationale depuis 1945*, PUF, Que sais-je ? 2224, pp. 17-28

p. 66 David Ben Gourion (discours du 14 mai 1948) : http://perspective.usherbrooke.ca/bilan/servlet/BMDictionnaire?iddictionnaire=1441 / © Perspective- Université de Sherbrooke

p. 68 Joseph McCarthy (discours du 20 février 1950) : http://julien-eggenberger.ch/attachments/070_maccarty.pdf / © Jeanneret Pierre, *La guerre froide*, Gymnase de Chamblandes, 1997

p. 70 Robert Schuman (discours du 9 mai 1950) : www.robert-schuman.eu/fr/declaration-du-9-mai-1950

p. 72 Jawaharlal Nehru (discours du 24 avril 1955) : www.cvce.eu/content/publication/1999/1/1/8872f302-bab5-4adb-b9d1-cfef2576c9d7/publishable_fr.pdf / Traduction française : © 2011-2014 Centre Virtuel de la Connaissance sur l'Europe (CVCE)

p. 74 Nikita Khrouchtchev (discours du 24-25 février 1956) : http://perspective.usherbrooke.ca/bilan/servlet/BMDictionnaire?iddictionnaire=1412 / © Perspective- Université de Sherbrooke

p. 76 Gamal Abdel Nasser (discours du 26 juillet 1956) : http://perspective.usherbrooke.ca/bilan/servlet/BMDictionnaire?iddictionnaire=1673 (Texte français d'après le *Journal d'Égypte*, 27 juillet 1956)

p. 78 Imre Nagy (allocution du 4 novembre 1956) : manuel d'*Histoire Terminales L-ES*, sous la direction de Guillaume Bourel et Marielle Chevallier, Hatier, 2004

p. 80 Mao Tsé-toung (discours du 27 février 1957) : http://perspective.usherbrooke.ca/bilan/servlet/BMDictionnaire?iddictionnaire=1645 / Mao Tsé-toung, *Œuvres choisies*, Tome V, pp.417-457

p. 82 Patrice Lumumba (discours du 30 juin 1960) : http://perspective.usherbrooke.ca/bilan/servlet/BMDictionnaire?iddictionnaire=1447 / « Textes et Documents », n° 123, Ministère des Affaires Étrangères, Bruxelles

p. 84 John F. Kennedy (discours du 20 janvier 1961) : http://histoire.comze.com/kennedy20janvier1961.pdf

p. 86 Fidel Castro (discours du 17 avril 1961) : http://vivecuba.e-monsite.com/medias/files/discours-16-avril-1961-1.pdf Traduction Gaston Lopez

p. 88 Tito (allocution du 1ᵉʳ septembre 1961) : manuel d'*Histoire Terminale S*, collectif d'auteurs, Magnard, 2004, p°70

p. 90 John F. Kennedy (discours du 22 octobre 1962) : http://perspective.usherbrooke.ca/bilan/servlet/BMDictionnaire?iddictionnaire=1442 / © Perspective- Université de Sherbrooke

p. 92 John F. Kennedy (discours du 26 juin 1963) : http://perspective.usherbrooke.ca/bilan/servlet/BMDictionnaire?iddictionnaire=1442 / Rose Kennedy, *Le Temps du souvenir*, Stock/ Albin Michel, 1974, p. 351-353, traduction Lola Tranec-Dubled

p. 94 Martin Luther King (discours du 28 août 1963) : http://perspective.usherbrooke.ca/bilan/servlet/BMDictionnaire?iddictionnaire=1444 / © Perspective- Université de Sherbrooke

p. 96 Ernesto Guevara (discours du 22 février 1965) : http://perspective.usherbrooke.ca/bilan/servlet/BMDictionnaire?iddictionnaire=1667 / © Perspective- Université de Sherbrooke

p. 98 Alexander Dubcek (discours du 14 septembre 1968) : www.cvce.eu/content/publication/2002/9/26/4ae660af-54db-46ef-9b34-511ac70d3983/publishable_fr.pdf / © AFP

p. 100 Willy Brandt (discours du 28 octobre 1969) : Martial Chaulanges, *Textes historiques*, 1945-1973, Delagrave, 1977

p. 102 Salvador Allende (allocution du 11 septembre 1973) : http://fondationallende.org/allende-ok.htm#allende4

p. 104 Richard Nixon (discours du 8 août 1974) : http://histoire.comze.com/nixon8aout1974.pdf

p. 106 Jimmy Carter (discours du 22 mai 1977) : manuel d'*Histoire Terminale L-ES-S*, sous la direction de Thierry Gasnier, Bréal, Rosny, 2008

p. 108 Deng Xiaoping (discours du 19 août 1977) : http://perspective. usherbrooke.ca/bilan/servlet/BMDictionnaire?iddictionnaire=1857 / © Perspective- Université de Sherbrooke

p. 110 Anouar El-Sadate (discours du 20 novembre 1977) : http:// perspective.usherbrooke.ca/bilan/servlet/BMDictionnaire?iddictionnaire=1704 / © Perspective- Université de Sherbrooke

p. 112 Jean-Paul II (discours du 2 juin 1979) : www.vatican.va/ holy_father/john_paul_ii/speeches/1979/june/documents/hf_jp-ii_ spe_19790602_polonia-varsavia-autorita-civili_fr.html / © Copyright 1979 - Libreria Editrice Vaticana

p. 114 Juan Carlos de Bourbon (discours du 24 février 1981) : www. retoricas.com/2009/07/intento-golpe-de-estado-23f-juan-carlos.html VO seulement

p. 116 Ronald Reagan (discours du 8 mars 1983) : www.americanrhetoric.com/speeches/ronaldreaganevilempire.htm

p. 118 Ruhollah Khomeyni (discours du 28 juillet 1987) : manuel d'*Histoire Terminale ES-L*, sous la direction d'Hugo Billard, Magnard, 2014

p. 120 Tenzin Gyatso (discours du 21 septembre 1987) : www.tibet-info.net/www/Plan-de-paix-en-cinq-points-pour,283.html et Actualités tibétaines

p. 122 Margaret Thatcher (discours du 20 septembre 1988) : www.cvce. eu/content/publication/2002/9/18/5ef06e79-081e-4eab-8e80-d449f-314cae5/publishable_fr.pdf / © Ministère des Affaires étrangères de la République française

p. 124 Yasser Arafat (discours du 15 novembre 1988) : www.monde-diplomatique.fr/cahier/proche-orient/alger88-fr

p. 126 Aung San Suu Kyi (discours du 27 avril 1989) : extrait de *Se libérer de la peur* de Aung San Suu Kyi © 1991, Des femmes-Antoinette Fouque pour l'édition française

p. 128 Helmut Kohl (discours du 22 novembre 1989) : www. ceuropeens.org/sites/default/files/debats__kohll_22__11__89.pdf

p. 130 George W. Bush (discours du 6 mars 1991) : http://bushlibrary.tamu.edu/research/public_papers.php?id=2767&year=1991&month=3 VO seulement

p. 132 Mikhaïl Gorbatchev (allocution du 25 décembre 1991) : http://histoire.comze.com/gorbatchev25decembre1991.pdf

p. 134 Nelson Mandela (discours du 10 mai 1994) : http://perspective.usherbrooke.ca/bilan/servlet/BMDictionnaire?iddictionnaire=1745 / © Perspective- Université de Sherbrooke

p. 136 Yitzhak Rabin (discours du 4 novembre 1995) : www.lexpress.fr/actualite/monde/proche-moyen-orient/le-dernier-discours-d-yitzhak-rabin_490417.html

p. 138 Assemblée générale des Nations unies (discours du 8 septembre 2000) : www.un.org/french/millenaire/ares552f.htm

p. 140 George W. Bush Jr (discours du 29 janvier 2002) : http://georgewbush-whitehouse.archives.gov/news/releases/2002/01/20020129-11.html

Partie 3

p. 144 Charles de Gaulle (discours du 16 juin 1946) : www.charles-de-gaulle.org/pages/espace-pedagogique/le-point-sur/les-textes-a-connaitre/discours-de-bayeux-16-juin-1946.php / © Plon

p. 146 Abbé Pierre (appel du 1er février 1954) : www.association.emmaus.fr/media/pdf/Appel_du_1er_fevrier_1954.pdf / © Emmaüs International

p. 148 Pierre Mendès France (discours du 17 juin 1954) : Pierre Mendès France, *Œuvres complètes*, tome 3 « Gouverner, c'est choisir » 1954-1955, Paris, Gallimard, 1986, p. 50-57 © Éditions Gallimard

p. 150 Charles de Gaulle (discours du 4 juin 1958) : www.charles-de-gaulle.org/pages/l-homme/accueil/discours/le-president-de-la-cinquieme-republique-1958-1969/discours-du-forum-d-alger-4-juin-1958.php / © Plon

p. 152 Charles de Gaulle (discours du 23 avril 1961) : www.charles-de-gaulle.org/pages/espace-pedagogique/le-point-sur/les-textes-a-connaitre/discours-du-23-avril-1961.php / © Plon

p. 154 André Malraux (discours du 19 décembre 1964) : André Malraux, *Oraisons funèbres*, Gallimard, 1971 © Éditions Gallimard

p. 156 Charles de Gaulle (discours du 24 juillet 1967) : www.charles-de-gaulle.org/pages/l-homme/accueil/discours/discours-au-monde-1958-1969/allocution-prononcee-au-balcon-de-l-hotel-de-ville-de-montreal-24-juillet-1967.php / © Plon

p. 158 Charles de Gaulle (discours du 30 mai 1968) : www.charles-de-gaulle.org/pages/espace-pedagogique/le-point-sur/les-textes-a-connaitre/discours-du-30-mai-1968.php / © Plon

p. 160 Jacques Chaban-Delmas (discours du 16 septembre 1969) : www.assemblee-nationale.fr/histoire/Chaban1969.asp

p. 162 Simone Veil (discours du 26 novembre 1974) : www.assemblee-nationale.fr/histoire/interruption/simone_veil_tribune-1.asp

p. 164 Valéry Giscard d'Estaing (discours du 19 mai 1974) : www.savoiretculture.com/discours-du-au-revoir-valery-giscard-d-estaing/

p. 166 François Mitterrand (discours du 21 mai 1981) : http://discours.vie-publique.fr/notices/817804200.html

p. 168 Robert Badinter (discours du 17 septembre 1981) : www.assemblee-nationale.fr/histoire/badinter.asp

p. 170 François Mitterrand (discours du 8 avril 1986) : www.assemblee-nationale.fr/histoire/messages-et-declarations-du-president-de-la-republique/mitterrand-message-8avril1986.asp

p. 172 Jacques Chirac (discours du 16 juillet 1995) : www.jacqueschirac-asso.fr/fr/wp-content/uploads/2011/02/Allocution-Vel-dhiv.pdf

À noter

Malgré le soin apporté à cette édition, l'éditeur n'a pu retrouver trace de tous les ayants droit des textes qui figurent dans ce volume. Il espère que cette publication leur permettra de se faire connaître.

www.ingramcontent.com/pod-product-compliance
Lightning Source LLC
Chambersburg PA
CBHW072018060426
42446CB00044B/2800